フェレンツィの時代

The Times of Sándor Ferenczi

精神分析を駆け抜けた生涯

森 茂起

Shigeyuki Mori

人文書院

もくじ

略号

注に用いる略号は以下の通りである。

『日記』：シャーンドル・フェレンツィ『臨床日記』森茂起訳、みすず書房、二〇〇〇年。

『貢献』：シャーンドル・フェレンツィ『精神分析への最後の貢献』森茂起・大塚紳一郎・長野真奈訳、岩崎学術出版社、二〇〇七年。

『往復書簡1』：『フロイト－フェレンツィ往復書簡1』Ernst Falzeder, Eva Brabant, & Patrizia Giampieri-Deutsch (eds.), *The Correspondence of Sigmund Freud and Sándor Ferenczi*. Vol. 1, 1908-1914. The Balknap Press of Harvard University Press, London, 1992.（未訳）

『往復書簡2』：『フロイト－フェレンツィ往復書簡2』同右、Vol. 2, 1914-1919. 1996.（未訳）

『往復書簡3』：『フロイト－フェレンツィ往復書簡3』同右、Vol. 3, 1920-1933. 2000.（未訳）

『グロデック書簡』：『フェレンツィ－グロデック往復書簡』*The Sandor Ferenczi-Georg Groddeck Correspondence 1921-1933*. Christopher Fortune (ed.), Open Gate Press, London, 2002.（未訳）

『著作集1』：『精神分析への最初の貢献』Sándor Ferenczi, *First Contributions to Psycho-Analysis*. Karnac Books, London, 1952.（未訳）

『著作集2』：『精神分析の理論と技法へのさらなる貢献』Sándor Ferenczi, *Further Contributions to the Theory and Technique of Psycho-Analysis*. Karnac Books, London, 1926.（未訳）

『著作集3』：『精神分析の問題と方法への最後の貢献』Sándor Ferenczi, *Final Contributions to the Problems and Methods of Psycho-Analysis*. Karnac Books, London, 1955.（未訳、一部を『貢献』に収録。）

『フロイト全集』：岩波書店版『フロイト全集』一～二二。

主要文献

以下のものは、書名ないし著者名のみ注に記す。

Adrienne Harris & Steven Kuchuck (eds.), *The Legacy of Sándor Ferenczi: From ghost to ancestor*. Routledge, 2015.

André Haynal, *Disappearing and Reviving: Sándor Ferenczi in the History of Psychoanalysis*. Karnac, London, 2002.

Arnold William Rachman, *Sándor Ferenczi: The Psychotherapist of Tenderness and Passion*. Jason Aronson Inc. Northvale, 1997.

Peter L. Rudnytsky & Antal Bokay (eds.), *Ferenczi's Turn in Psychoanalysis*. New York University Press, New York, 2000.

Martin Stanton, *Sandor Ferenczi: Reconsidering Active Intervention*. Free Association Books, London, 1990.

フェレンツィの時代——精神分析を駆け抜けた生涯

第一章　ブダペスト一九三二――『臨床日記』

ナプヘジの家

一九三二年一月七日、ブダペストのナプヘジという丘を登るリスニャイ通り Lisznyai utca 一一番地の家で、本書の主人公、フェレンツィ・シャーンドル Ferenczi Sándor は、『日記』の第一頁を秘書に口述し始めた。

ブダペストはもちろんハンガリーの首都である。ハンガリー語の表記や発音には、私たちが親しんでいる英語や、あるいはフランス語、ドイツ語等のヨーロッパ言語とは違った特徴がある。sを「シュ」、cを「ツ」とする発音もその特徴である。ブダペストも実は、ブダペシュトの方が現地の発音に近い。(1) フェレンツィの czi は「チ」と表記されることもあるが、私は彼のハンガリー人らしさを強調するために「ツィ」と表記することにしている。また、日本と同じく、名前は、姓を先に名を後にするのがハンガリー流である。ハンガリーの人口の大部分を占めるマジャール民族のルーツがアジアにあることを示している。日本人に親近感を与える習慣である。ただ、ヨーロッパの一部に属するハンガリー人は、国の外に出れば西洋風の順で表記し、そう呼ばれることに馴染んでいる。日本でも西洋の一国として名を先、苗字を後に書くのが慣例である。ここでも以後はシャーンドル・フェレンツィと表記する。

どの言語にも、独自の発音や綴りがある。姓名の順もハンガリーだけのことではない。ただ、ハンガリー語は、多くのヨーロッパ語の中にあって、インド・ヨーロッパ語族と呼ばれる言語と異なった起源を持ち、ハンガリー人にとって、その独自性がハンガリー・アイデンティティと結びついている。「ハンガリー語は世界で一番難しい言語だ」とハンガリー人自身が口にするのを耳にするが、日本人が「外国人が日本語を学ぶのは難しい」と言うのと似ているところがある。そこには、疎外感や劣等感に優越感や誇りが入り混じった複雑な感情がある。日本人に似て、ハンガリー人は、自分たちが周囲のどの国の人たちとも全く異なっていると考える傾向があるのである。

いま日記を書こうとしているこの家は、ブダペストのブダ側の閑静な住宅街に建っている。つい二年前に購入したばかりで、フェレンツィにとってはじめての持ち家だった[2]。その年の七月に入居してからまだ一年半ほどである。

ブダペストは、子ども時代のミシュコルツと医学を学んだウィーンを除けば、フェレンツィが生涯のほとんどを過ごしてきた街である。ブダペストを訪れるとだれもが目にする景色は、ペスト側からドナウ川の対岸の丘に見える、ブダ城や教会の連なりである。セーチェーニ（鎖）橋と名付けられた橋が丘に向かって伸び、ケーブルカーが丘の麓の駅から城まで登っている。この美しい橋は、一八三九年にイギリスの建築家、ウィリアム・ティアニー・クラークによって設計され、一八四九年に完成した。ドナウ川の西側に広がるブダと、東側に広がるペストをはじめてつなぎ、ブダとペストが一つの都市として機能する道を開いた。一八九六年に開業したヨーロッパ大陸初の地下鉄と並び、ブダペスト近代化の象徴である。続いて建設された、マルギット橋（一八七六）、フェレンツ・ヨージェフ（フランツ・ヨーゼフ）橋（一八九六）、エリジェーベト（エリザベート）橋（一九〇三）とともに、この年には、すでになくてはならないブダペストの風景の一部になっていた。一九〇四年には、ペスト側に国会議事堂が完成し、今日私たちが見るブダペストの姿が整った。ブダペストを象徴するこうした景観は、一九世紀後半以降のオーストリア・ハンガリー二重帝国時代に行われた大規模な都市開発の結果生まれたものである。

　鎖橋の向こうにブダ城を眺める位置から見ると、その位置からは見えない丘を越えた裏側に、ナプヘジがある。ナプとはハンガリー語で太陽、ヘジは丘を指すので、太陽丘を意味する。ナプヘジの、ドナウ川から遠い側の麓を通るメーサーロシュ通り（Mészáros utca）一二番地に、前年の五月、ブダペスト精神分析協会外来クリニックが開設され、フェレンツィはその初代所長を務めていた。クリニックの設立は一〇年来の彼の夢であった。精神分析協会を財政的に支えてきたヴィルマ・コヴァーチ[3]が建てたビルのフロアを借りてついに実現したのである。彼の右腕として研究所の運営を実質的にすすめていたのが、才能豊かな後進、マイケル・バリント[4]だった。

図１　ナプヘジの家

　フェレンツィの家のあるリスニャイ通りは、クリニックにほど近い位置から丘を上っている。坂道を登り切ったあたりに建つ家は、これから生涯最後の実り豊かな年月を過ごし、臨床と執筆に集中するにふさわしい立派な住まいである。実践と研究と後進の育成に理想的な環境が整った。フェレンツィの望みは、ここしばらくの間に形をなしつつあり、画期的なものと彼自身が信じている発想や発見を著作に残すことである。ただ、新しい発想が次々生まれる最近の日々を考えると、論旨を整えて論文や書物としてまとめるのはまだ難しい。毎日の発想を『日記』に記していくのが今の自分の考えを残すには最適だ。書く中で考えが結晶化し、論文化できる部分も見つかるだろう。まず、最も気がかりな主題、そこから始めるしかない。フェレンツィにはその内容の計り知れない重みが分かっていた。彼は意を決して日記の第一行のタイトルを口にした。

「分析家の感情欠如」と。

秘書がそれをタイプに打った。今日から取り組むこの「日記」にフェレンツィがかける思いは、どこまで秘書に伝わっているのだろうか。そして、いよいよ日記が始まった。

型にはまった挨拶の仕方、「何でも話してください」というつもの依頼、いわゆる平等にただよう注意、こういうことをしても結局のところ何にもならないし、アナリザンドがやっとのことで口にする感情のこもった報告にこれらで応じることはどうみても不適切で、その効果といえば次のようなものである。

ここでおそらく彼は一息ついたであろう。ここで彼が書こうとしていたのは、フロイトが示した精神分析の標準的手続きへの批判であった。「平等にただよう注意」とは、フロイトが分析家に必要な姿勢として推奨していたものである。分析家は、自分の関心に引きずられたり、患者が今話している話題にとらわれたりすることなく、治療の場で起こっている全体に注意を払っていなければならない。何かに意識を焦点づけることは、何かを見えなくさせてしまう。フロイトはそのような意識の焦点づけをやめることを分析家に求めていた。

フェレンツィはそれを「結局のところ何にもならない」と切り捨てた。これがどれほどフロイトに対立するものであるかはフェレンツィにとっても測りがたかった。彼は決してフロイトと決裂しようとしていたのではない。むしろ、精神分析に発展をもたらすものとして自分の主張を受け入れてもらうことこそが、彼の望みであった。しかし、ここ数年の経験からして望みが薄いのも自覚していた。では自分はいよいよフロイトから、それどころか精神分析から袂を分かって、かつてユングが、アドラーが、そしてのちには親しいランク(5)がたどったように、自分の道を歩むのだろうか。そこまでの覚悟が今あるわけではない。とにかく、フロイトに分かってもらうためにも、自分の考えをまとめねばならない。最近の臨床経験から湧き上がる発想を、文字に書きとめ、定着させなければならない。うまくいけば、今後書いていくべき論文の原形が記されていくだろう。もし論文の形にまとめることができなかったとしても、ここに書く発想は、「日記」として残される。自分の死後にこのまま出版されてもいい。そうなってもよい形で書かねばならない。出版については、マイケル・バリントがとりはかってくれるだろう。彼の決意は固かった。

挑戦

今日書こうとしているのは、フロイトが推奨する標準的な分析技法が、あまりに形式的で冷たい態度で患者と接することを要求するものであり、治療を促進するどころか、妨げてしまう、という主張である。フロイトが求める標準技法は、いわゆる「禁欲原則」を基本とし、患者が治療の場で欲求を満足させることを禁じていた。何か欲求を感じるならば、それを言葉で表現し、理解することを目指さなければならない。理解を促進するために患者の心の内容を言葉で言い表すことが治療者の役割であった。フェレンツィは、この技法が冷たい関係をもたらすと考えていた。そう確信するようになったのは、ここ数年の、特にここ一年間の治療経験からだった。フロイトと会って以来、精神分析の王道を歩いてきたつもりの自分が、今やそこから袂を分かつかもしれなかった。

反旗をひるがえすことへの不安に襲われるとき、フェレンツィを後押しするのは、日々の治療実践の経験であった。最近の治療経験はフェレンツィにとって新しい挑戦の連続である。それはあまりにも重い精神的、身体的負担をフェレンツィに強いていたが、同時に、分析家として築き上げてきた知識と技術を根本的に覆すような発見の連続でもあった。なかでもとくに頭を離れないのが、エリザベス・サヴァーンという患者との経験である。(6) 彼女には、すでに膨大な時間と精力をつぎ込んできたが、なお治療の出口は見えていない。日記に彼女の治療について記述し、まだ考えつくせていない問題を明確にしなくてはならない。そのうえで、今年九月にドイツのヴィースバーデンで開催される国際精神分析学会で発表し、分析家たちに考えを問わねばならない。いや学会だけではない、高齢から近年は学会に参加していないフロイトにも理解してもらわねばならない。フェレンツィの目には、これから進むべき道と日記の役割がはっきりと見えていた。

サヴァーンがフェレンツィをはじめて訪れたのは一九二四年晩夏のことである。彼女がフェレンツィを見つけ出したいきさつはよくわからない。四〇年前にすでにフェレンツィの存在を霊感で知っていたと彼女自身は言っている。しかし、フェレンツィには信じ難かった。ともかく、それから七年半ほど、彼女は、何度もブダペストに長期滞在し、フェレンツィの治療を受けてきた。

サヴァーンは、一八七九年一一月一七日、アメリカ合衆国中西部に生まれたので、フェレンツィがはじめて会った時は四四歳、今は五二歳である。出生時の名をレオタ・ブラウンというが、成人後にエリザベス・サヴァーンと改名した。彼女の幼年期についてはよくわかっていない。子ども時代から、倦怠感、頭痛、食欲障害など多彩な症状に悩まされ、神経衰弱の診断でサナトリウムに入院したこともあった。二二歳で結婚し、娘を一人もうけたが、結婚生活は四年で破綻してしまった。

症状に悩まされ続けていた上に、離婚の打撃が重なり、彼女は心理療法を受けることにした。そしてアメリカで治療を受けるうち、自分自身に治療能力があるのに気づいた。治療能力とは、いわゆる霊的な力である。そして心理療法の実践を始めたのである。まだ資格制度も何も整備されていない時代で、「心理療法」という看板を掲げれば、すぐにでも開業できた。

ある日、サヴァーンが列車で旅をしていると、同席の女性が乗り物酔いにかかっているように見えた。サヴァーンは彼女に、「自己暗示が効くのを知っていますか」と話しかけた。「あなたはクリスチャンサイエンティストですか」という問いが返ってきた。「いや、そうではないですが、常識に基づいた治療の経験からして、あなたの問題は絶対に解決します」とサヴァーンは答えた。すると女性はこんな話をした。

「そうですね。私も同じようなことを考えていました。なぜか言いましょうか。わたしの隣人に、死にそうになっている人がいました。医者も、あとは手術しか望みがないとさじを投げていました。ところがですよ、その家の人はどこかから不思議なお医者、サヴァーンという人を見つけてきたのです。そのお医者は、なにも薬を使わず、実際何をしたのかは知らないのですが、私の知人はすぐにすっかり良くなったというわけです。」そしてサヴァーンに「いったいその医者は何をしたと思います」と尋ねてきた。これを聞いてサヴァーンは内心すっかり嬉しくなりながら顔には出さず、その女性が奇跡と呼んだその出来事の原理を説明し、すっかり話が終わってから自分がサヴァーンだと打ち明けた。女性は大いに驚いたが、乗り物酔いがすっかり良くなっているのに気づいた。サヴァーンはこうして、治療を続けるために彼女の家を訪れることになった。

ちなみに、ここに登場した「クリスチャンサイエンス」は、一九世紀後半に、アメリカのメアリー・ベーカー・エディ(7)が創始した宗教で、現在でも多くの会員を有している。その中核思想は、物質的世界はすべて幻想であり、病気はそれがあると信じる観念が生み出した幻想であるとする。実はフェレンツィは身体疾患も対象とするこの霊的治療に関心を持っており、「病気は存在しない」というその理念を、今書き始めた日記にしばらく後に記すことになる。

先のエピソードはサヴァーンの評判を良く伝えている。彼女は、ここに登場する「死にそうになっている」患者のように、医師にも見放された多くの重症患者を診ていた。そして多くの劇的効果をもたらしていた。手術しかないといわれていた腫瘍が消失したこともあった。彼女の治療の多くは身体症状に向けられていた。

今紹介したようなエピソードから見ると、古くから存在するいわゆる宗教的奇跡に近いように見えるが、彼女は宗教家として治療を行ったわけではない。「(心理療法は)技芸(アート)としてはここ二〇年で大いに進歩したが、科学としてはまだ混沌とし未形成なままにとどまっている」と彼女は述べ、宗教ではなく、科学の領域にそれを置こうとした。自らの不思議な治療能力に気づいたことから始めた治療実践だが、当時の医学、心理学の科学的知識を吸収しながら、哲学の知識も取り入れ、理論的裏付けを図っていた。

サヴァーンが参照した理論には、たとえばヒューゴ・ミュンスターバーグ(8)の『心理療法』(9)があり、「無意識的意識 unconscious consciousness」の概念をそこから引用している。ミュンスターバーグは今日こそあまり知られていないものの、当時絶大な影響力を持っていた心理学者である。ドイツに生まれ、心理学を確立したヴントのもとで一八八五年に哲学博士号を取得した。一八八七年にはハイデルベルク大学で医師資格も取得した。ヴントに続いて、ドイツにおける心理学の発展に大いに貢献したのち、ウィリアム・ジェイムズ(10)の誘いに従ってアメリカのハーバード大学にうつり、心理学の実践的応用の試みをさまざまの分野で展開した。ジェイムズは、かつてフェレンツィも会ったことのあるアメリカの偉大な哲学者、心理学者である。労働心理学、組織心理学、産業心理学などの応用心理学の諸分野はミュンスターバーグによって築かれた。当時アメリカでは、ホワイトハウスにたびたび招かれるほどの有名人であった。「心理療法」は必ずしも彼の専門ではないが、応用心理学の重要な一分野として、大いに関心を持っており、『心理療法』には、自身催眠療法を試みていたことが記されている。彼の心理療法は、脳と身体の並行関係を理論的基盤に、催眠暗示を中心とする方法論が展開されていた。

自らの能力を信じて治療経験を重ねながら、サヴァーンもまた心と身体の相関関係について考えていた。彼女が診た患者の一人に、日光アレルギーによる湿疹に悩む男性があった。診察の結果、サヴァーンは、彼があまりにも多くの読書によって知識を詰め込んだことで消化不良に陥っていると判断した。それが体の消化不良反応を生んで、残された老廃物が皮膚を刺激して日光への反応をもたらしていると理解したのである。彼女は、読書を控えるように助言し、もっとも刺激が強いと彼が言う赤色を避けて、光スペクトラムの反対側の色である青紫の部屋で十分休息を取るよう勧めた。すると症状は二、三カ月で改善し、日光にあたっても異常が起こらなくなった。治療報告に彼女は、「注意深い心理分析 Psycho-analysis によって、心的にも身体的にも排泄不全があるのが確かめられた」と表現している。

心の治療

今「心理分析」と訳した言葉は、精神分析と訳されるサイコアナリシスと同じ言葉である。アメリカに知られつつあったフロイトの名前を彼女は知っていたであろうが、ここでは、フロイトの技法を直接意識しているわけではなく、一般的意味での「心の分析」として使っているようである。

ちなみに「精神分析」という訳語は、誤解を生む恐れのある言葉である。サイコアナリシス psycho-analysis（あるいはハイフンを使わずに psychoanalysis）の接頭辞、サイコ psycho は、心を表すギリシヤ語のプシケーに由来する。心を対象とする学問、サイコロジー psychology、心を対象とする治療、サイコセラピー psychotherapy の前半部と同じである。サイコロジー、サイコセラピーとサイコアナリシスは、どれも心を対象とする。そう考えると、これらを心理学、心理療法、心理分析と訳すのが自然である。「精神分析」と訳すと、この関係性が見えなくなってしまうところが問題である。

実は、これからフェレンツィについて物語るうえで、この言葉の混乱はどこか居心地の悪さをもたらす。心を対象とするフェレンツィの実践や学問を、「精神分析」と表記すると、「心理療法」や「心理学」と何か基本的に異なったものを指すような印象を受けてしまう。フェレンツィも他の分析家たちも、心の治療を「分析」という方法で行ったのであって、心と違った別のものを扱ったわけではないことに注意しておきたい。

サヴァーンが用いた心理療法の技法は、暗示や教育を彼女の経験と直観によって組み合わせて用いるものだった。ヨーロッパで長い歴史を持つメスリズムの原理である動物磁気も使っていた。その場の状況に応じてさまざまの工夫を加えていたように見える。食事をとることができない患者には、自ら料理をして食べさせることもあった。ただ、どのような技法を使おうとも、彼女の方法の原理は変わらなかった。それは、治療者の信念が患者に伝わることによって、患者の誤った信念と、それが生み出す身体との関係の不整合が修正されるというものである。

一九世紀から二〇世紀にかけて、さまざまの「心理療法」あるいは「治療法」が世に出た。多くは精神分析のような学派を形成することなく消えていったが、それは必ずしも、それらの治療が誤りであったことを意味しない。時代的制約、あるいは実践者の体系化能力の弱さなどによって、理論的、技法的に洗練されるにいたらなかっただけで、揺籃期の心理療法の多くには、今日の心理療法が用いている技法や治療的要素が含まれていたはずである。多くの実践のなかにさまざまの技法の種がまかれていたのであって、そのいずれが大きな木に成長したかは、決してその種の質によるものではなく、さまざまの社会的要因や偶然が作用したのである。

なかには、クリスチャンサイエンスのように、科学としての「心理療法」とは異なる宗教への道をたどったものもある。もしサヴァーンがさらなるカリスマ的な力を持ち、宗教に傾いていれば、同様に一つの宗教を形成してもおかしくないところである。しかし、彼女の姿勢や方法論は、そのような方向に進むにしては、科学的な色彩の強いものだった。彼女には、独断的になることなく、多くの知識を得ながら統合しようとする、「折衷的」な姿勢が見える。

治療経験を重ねるうち、彼女は治療者として自信を得、ロンドンに場所を移して開業した。その地でも彼女の治療は受け入れられ、一九一三年には、『心理療法——原理と実践』[11]という著書をロンドンで出版するまでになった。彼女は、ミュンスターバーグの著作を大いに参考にしながら、多くの事例を盛り込んで、身体症状に対する心理療法の効果を主張した。序に次のような言葉が記されている[12]。

精神医療が扱う事例の大部分は、おそらく心あるいは神経に関わる事例だろう。なぜなら、私が対象とするような病を患う人は一般に、通常の治療法ではまったく改善を見ることができないからであり、そして心理療法の大きな適用可能性はまだ十分に認識されていないからである。しかし私は、器質的要素を持つ事例を多く提示したい。なぜなら、それらが心の治療には適さないというしばしば見られる主張に反論する姿があるからである。

サヴァーンは自らの心理療法に大きな未来を感じていた。ただ、治療者として生計を立てながらも、彼女は大きな問題を抱えていた。幻覚、悪夢、抑鬱、自殺願望などの症状に悩まされ続けていたのである。奇跡と見えるほどの治療能力を示しながら、自身のこうした症状を治めることが彼女にはできなかった。症状の改善を願う彼女は、遠方を含め多くの治療者を訪れた。なかには、有名なウィーン出身で、アメリカに活動の場を移していた精神分析家、オットー・ランクも含まれていた。

そして最後の望みとしてたどり着いたのが、ブダペストのフェレンツィだったのである。その経緯は定かではないが、ランクからの紹介があったことも十分考えられる。ランクとフェレンツィは、フロイトの周りに集った分析家たちの中で特に親しい間柄だったからである。二〇年代に二人はともに精神分析技法の改革を企て、共著『精神分析の発展目標』を発行したのだが、その年がサヴァーンがはじめてフェレンツィを訪問した年だった。いわば二人の協力関係が最も深かった時期である。サヴァーンに会ったランクは、彼女の治療には自分よりフェレンツィのほうが向いていると判断したのかもしれない。あるいは、ある程度治療を試みた上で行き詰まり、親しいフェレンツィを頼った可能性も考えられる。

サヴァーン自身は、霊的能力の存在を信じている彼女らしく、すでに四〇年前に自分を救ってくれる救世主としてあなたのことを知っていたと言ってフェレンツィを驚かせた。子ども時代から今まで、彼女は多くの治療者と出会ってきた。しかし、根本的に彼女の症状を改善することができた治療者はいなかった。彼女から見て信頼に足りなかったり、彼女の治療には無力であることを認めてさじを投げたりしてきた。フェレンツィは彼女にとって、四〇年待ち続けた救世主だった。サヴァーンがのちにフェレンツィに言ったところでは、初回面接のときにすでに、彼女が待望した深い関心と愛をフェレンツィから感じたらしい。そうして彼女は、一九二四年から三二年まで、ロンドンから何度もブダペストを訪れ、そのたびに長期滞在し、フェレンツィの分析治療を受けることになった。

しかし、心理療法家として開業していたサヴァーンが、フェレンツィの治療を受けるためにブダペストに何度も長期滞在することができるのだろうか。患者の治療のほうは休業していたのだろうか。休業してもよいほどの収入があったのだろうか。今の感覚では不思議である。実は彼女は、自分の患者を、四、五人つれてブダペストに旅し、ホテルに滞在し、自分はフェレンツィに治療を受けながら、患者の治療も続けていたのである。患者の多くは裕福であり、サヴァーンの滞在を経済的に支えることができた。そんなことが可能なくらい、患者たちの信頼を得ていたとも言える。そして現在の感覚では想像が難しいが、治療者が休暇に患者を同行させて治療を継続することは、当時珍しいことではなかった。特に非常識とか、強引な行動というわけでもなかったのである。また、別の視点から見ると、当時の上流階級に心身の症状をかかえた女性が多かったことも示している。そうした女性を信頼に足る治療者に託し、時には遠方に滞在して家を空けさせることは、必ずしも家族にとって不都合ではなかった。家事は使用人が行うので、体の良いやっかい払いという意味もあっただろう。

はじめてサヴァーンに会ったとき、フェレンツィの方は、少なくとも意識的には、特別な印象を得たわけではなかった。通常の医師としての関心を向けたにすぎなかった。しかしフェレンツィはのちになって振り返ったものである。彼女に会ううち、彼女の醸し出す雰囲気に圧倒されていったことを。強烈な独立心と自信、まるで大理石像のように硬い雰囲気に伴う恐ろしく強い意志力、何か専制君主のような威厳が彼女にはあった(13)。そして、フェレンツィはその種の女性に怯えを感じるのが常であったにもかかわらず、医師として彼女の上に立たねばならないという思いから、無意識的にその感情を抑えていたのである。

退行

治療に役立つと思えば、どのような技法でも試してみるのがフェレンツィの姿勢だった。実際、今に至るまでにさまざまの技法的工夫を行ってきた。特に近年は、「リラクセーション(弛緩)法」と彼が呼ぶ方法をしばしば用いてきた。フロイトの推奨する標準的精神分析に対照させて名づけたもので、簡単にいえば、患者にできるだけの自由を与え、言葉による解釈も控え、感情の赴くままに連想を展開するよう促すことである。

その特徴は、とくに「退行」に対する姿勢にあった。退行とは、心のより原始的な過程に身をまかせることを意味し、過去の心の状態が再現されることでもある。治療者との一対一の関係の中で自由連想を行い、過去の人生についても語っていく分析治療では、治療者への依存心や、理想化、あるいは逆に価値下げなどが起こりやすい。それは心の原始的な領域が活性化されていることを意味していて、その活性化自体は分析で重要な動きである。しかし、分析では、そうした心の動きを大人の言葉で表現していくことが求められ、分析家はその動きを理解して言葉で解釈を行っていく。そして、たとえば依存心に基づいた行動に直接出ることは禁じる。したがって、過度の退行は、分析作業を通じて訪れる自己理解を避けようとする抵抗の一種ととらえられていた。しかしフェレンツィは、退行には、通常触れることのできない心の原始的部分に触れる働きがあると考え、積極的に促進していった。

ある男性患者でこんなことを経験した。[14] フェレンツィがリラクセーション法を採用していると、患者はしだいに退行し、あるとき、トランス状態でフェレンツィの首に腕を巻きつけ、「ねえ、おじいちゃん、僕赤ちゃんができるんじゃないかと心配なんだ！」と耳打ちしてきた。フロイトが推奨する分析技法に従えば、すでにこれは患者が従うべき規則を超えた行為である。患者に求められるのは、カウチ（寝椅子）に横たわって、言葉で自由連想を続けることであり、もし治療者に抱きつきたい衝動を感じたとしても、「あなたに抱きつきたい」とその思いを言葉で表現しなければならない。本当に抱きついてしまうのは禁忌である。もししてしまったら、衝動を行動に移してしまう「行動化」という現象として理解される。治療者の対応としては、まずはそれを中止させ、次にはその意味を治療者から言葉で伝える、つまり行動で現れた心の内容を言語化しなければならない。ところがフェレンツィがそのときとった対応は違っていた。かれは優しく、「そうかい一体どうしてそう思うんだい」と、そこに子どもがいるように語りかけた。理性をもった大人として患者を扱う、そのような大人であり続けることを要求する、もし子どものようになってしまったら大人に戻ることを要求する、といった方法ではなく、本当に子どもとして患者を扱ったのである。フェレンツィは、退行している患者は、実際に子ども時代の患者そのものであって、子どもとして接するほうが実り豊かだと考えるようになっていた。

サヴァーンにも同じようにして退行を許していると、彼女はすっかりトランス状態に陥って、子ども時代の体験を表現するようになった。実のところ、表現するという言い方は相応しくなく、子ども時代の事件がいま本当に起こっているかのように、体を動かしたり、叫んだり、泣いたりし始めたのである。そして、そのような経過から次第に分かってきたのは、彼女が幼いころからひどい虐待を受けてきたことだった。

トランス状態で彼女が示す内容から見えてきた虐待の内容は想像を超える残虐なものだった。一歳半の頃にすでに性的暴力を受けていた上に、五歳時には、無理やり性器を拡張され、麻酔薬を投与されて、複数の男性から暴行を受けた。自殺衝動がしばしば彼女を襲った。児童期を通して虐待が繰り返された上で、一一歳半の時、虐待をしてきた父親に突然捨てられる。しかも捨て台詞に、お前は役立たずで汚れているという呪いの言葉を浴びせられた。このとき植え付けられた、自分は汚れているという観念が彼女をずっと縛ってきた。自殺を何度も試みたが未遂に終わった。また、「その人を殺してほしい」と子どもの彼女に言わせてから眼の前で殺人が行われたようだった。トランスから醒めると、彼女自身にも信じられない出来事だった。こうした断片的情報から子ども時代の家庭状況を想像すると、父親を中心とする男性たちが、幼い女の子を性の対象にし続けたばかりか、男性同士のいさかいの中で、殺人まで発生するような環境だったことになる。映画のシナリオにもなかなか描かれないような修羅場が続いていたのである。

彼女は四〇年前からフェレンツィの存在を知っていたと語ったが、この状況から考えると、自分を救ってくれる救世主がどこか遠くの世界にいるという幻想を持ったとしてもおかしくない。それがフェレンツィのことだったとのちに結びつけたのだろうか、それとも本当に霊的能力があってフェレンツィの存在を知っていたのだろうか。四〇年前といえば、フェレンツィがまだ二〇歳前のことである。あり得ないことに思えるが、サヴァーンに霊的能力があったとすれば、そんなこともあるのかもしれないとさえ思えてしまう。いや、おそらく事態は逆なのだろう。彼女の霊的能力は、救い主を求めていた幼い子どもが今のあまりに過酷な苦しみを和らげるために生み出した能力なのだろう。今の苦しみから意識を遠ざけ、はるか未来に目を向け、時間的にも空間的にもはるか離れたところに救いを求めたのだろう。虐待を受ける中で彼女が発展させた解離傾向、あるいは解離能力と言うこともできる。それが本当に四〇年先を見通すことまで可能にするかどうかは、別の判断になるが。

このようにしてサヴァーンは、子ども時代の虐待体験を次々と再現していった。しかし、それによって治療的前進がみられたかというと必ずしもそうではなかった。症状は変わらず、同じような再現が治療場面で幾度も繰り返された。そうして治療が膠着状態に陥った時、サヴァーンはその原因はフェレンツィにあると迫ったのである。彼女が、暴力を受けている子どもに戻った時、フェレンツィが何もしてくれない、そこから彼女を助けだしてくれないことが、彼女を絶望に陥れ、回復を妨げるのだと彼女は言った。フェレンツィはそれに対し、彼女に精一杯の共感を寄せながら、精神分析の基本技法に従って、彼女の状態を解釈した。また、彼女の過去の外傷体験をまとめて言語化して伝える作業を繰り返した。断片化した記憶にとどまっている過去の体験を再構成し、言葉で表現できる形の想起にまで到達することを目指した。ところが、トランス状態で過去の体験をありありと再演する彼女は、トランスから覚めてしまうと、フェレンツィが伝えるその体験の内容に実感を持てなくなってしまうのだった。フェレンツィはこの事態を、「想起に至らない」「確信が得られない」と日記に記した。

相互分析

こうしたことを繰り返すうちに、彼女は、さらにフェレンツィの人格に踏み込んで問題を指摘し始めた。彼女を助けることを妨げているものがフェレンツィの中にある。フェレンツィの子ども時代に由来する何らかのコンプレックスがあって、それが彼女への理解を妨げていると言うのである。

この主張を繰り返したのち、フェレンツィが驚いたことに、彼女はとてつもない要求を持ち出した。フェレンツィのコンプレックスが問題なのだから、自分にそれを分析させてほしいというのである。自分はフェレンツィに分析を受け、フェレンツィは自分に分析を受ける、という形の「相互分析」しかこの困難を克服する手はないと彼女は主張した。フェレンツィはこれにもちろん反対した。そんなことができるはずがない。治療が進展しないのは、彼女の中の抵抗のためなのだから、もし立場が逆になれば、彼女は自分の分析を避けるためにフェレンツィの分析ばかりに時間を費やしてしまうだろう。それでは彼女の抵抗に力を貸してしまうことになる。この判断は、分析家の立場からして当然のものであった。それだけではない、見せかけでなく本当に分析を受けるとなれば、あらゆる個人的事柄、個人的感情を彼女に明かさねばならない。それでは治療者としての権威を全く失ってしまう。いや権威以前に、もし通常の分析のように自由連想をするとすれば、家族や他の患者の情報まで話すことになる。そんなことは治療者として許されることではない。サヴァーンに反対する理由はいくらでも考えることができた。
しかし、サヴァーンはこの要求を執拗に繰り返した。ここには、患者としてだけでなく、すでに経験を重ねた治療者としての判断もあったにちがいない。つまり、彼女は治療者として、確かにフェレンツィの中に解決されていない問題があるのを見て取ったのである。そしてそれが自分に害を及ぼしていると考える以上、このままで治療を受け続けることに価値はないと判断した。この押し問答を繰り返した結果、どうなったかというと、フェレンツィが折れた。フェレンツィはこの前代未聞の「相互分析」を試してみることにしたのである。

フェレンツィはこの決断について、と言っても相当程度サヴァーンに押しに押されて土俵を割ったという感覚であったのだが、さまざま思いめぐらせた。そもそも、彼女のように高圧的、権威的態度で迫る女性に自分は押し切られてしまう傾向がある。そのこと自体が、彼女が言う障害の一部かもしれない。では、押し切られたのは弱さを示すだけであり、前進にはつながらないのか。しかし、弱さが確かにあるとすれば、それを隠して拒絶したとしても、サヴァーンには全く無効だろう。

フェレンツィにとって決して勝算あっての決断ではなかった。ただ、それ以外選択肢がないとき、また新しい試みが目の前にあるとき、その試みに手をつけるのがフェレンツィの常だった。「もっとも困難なことにあえて挑戦しておいて、後にそのための動機を見つけ出す性癖がある」[15]と彼は自己分析している。こうした場合、圧力に押されてのことなのか、彼自身が新しい試みを望んでいるのかの境界はあいまいだった。

大いに不安を覚えながら踏み出した相互分析だったが、そこから得られた結果はフェレンツィの予想を超えるものだった。

フェレンツィは分析を受けるなかで、今までサヴァーンに伝えたことのない感情を伝えざるを得ない事態に陥った[16]。それは、サヴァーンに対する怒り、恐れ、あるいは嫌悪などの否定的感情の存在である。これらが自分の中にあるのを彼は気づいていたのだが、共感的な治療者であろうとして、サヴァーンの前では善意に満ちた治療者を演じてきたのである。分析を受ければこうした感情を隠しておけなくなることは予想できたのだが、その先に何が待っているかは見えていなかった。彼女の信頼を失う、彼女が最後の頼みとしているこの分析関係を破壊して重大な打撃を彼女に与える、など、その先に想像するのは破壊的な出来事ばかりだった。

ところが、フェレンツィが自分に嫌悪感を持っていることを知ったサヴァーンの反応は予想を裏切るものだった。フェレンツィの表面的な好意の陰にあった感情を知ることで、サヴァーンもまたそれまで言うのを控えていた感情を伝えることができ、今までにないほどの感情のほとばしりが起こった。そしてそのあとに比較的静かな状態が訪れ、過去と未来の現実に関心を向けることができるようになった。不快感に耐えるサヴァーンの力が増したようにフェレンツィには見えた。

こうした対話がもたらしたのは、現在の関係の改善だけではなかった。分析を受ける中で、サヴァーンへの嫌悪が、現在の関係だけでなく、フェレンツィ自身の過去にあることが見えてきた。それは、すでに問題性を意識していた、母親との関係であった。サヴァーンへの感情は、権威的な女性に対して彼が常に感じるものであり、厳格な母親の前で甘えることを許されなかった経験に由来する感情だった。

フェレンツィの分析がさらに必要と考えたサヴァーンが、自らの分析は先延ばしにして、フェレンツィの分析ばかりで二日のセッションを費やしたこともあった。フェレンツィは、この時も先の「あえて挑戦」の態度で、「相互」どころか完全に「従属」することを試みた。ところが興味深いことに、そこまで立場が逆転すると、聞く立場ばかり続けたサヴァーンのほうが苦しくなって、交代を要求し、相互分析が復活した。サヴァーン側に治療へのニーズが厳然として存在する以上、治療者の立場をとり続けることは彼女にとって不可能だった。それを認めたうえでサヴァーンは次の要求を持ち出した。対等の立場で相互に分析する以上、サヴァーンもまた料金を受け取る必要があるという要求である。さらには、シラーとゲーテの関係のように、生涯続く対等な協力関係を築きたいという要求も持ち出した。

この要求を聞いてフェレンツィはあらためて自覚した。つまり、相互分析を認めたものの、それを行ったのはあくまでサヴァーンの治療のためであり、サヴァーンの治療のひとつの技法としての相互分析の範囲を超えていなかったと。フェレンツィは、もしサヴァーンが要求するような完全な相互性に足を踏み入れるなら、他の患者の意見も聞いてみなければならないとサヴァーンに言った。サヴァーンによってはじめられた「相互分析」を、フェレンツィは他の患者にもすでに試みていたからである。もしサヴァーンとだけ対等な立場となるなら、他の患者との相互性の意味が崩れてしまうと彼は考えた。この意見に対するサヴァーンの答えは、自分だけが唯一特殊なので、他の患者との関係は考慮に値しないというものだった。

相互分析に成果を認めながらも、その形に対する不本意感がフェレンツィに続いており、完全な相互性を望んでいないのは明らかだった。実際、自らの自由連想の中で、彼は抑制をかけており、それを「心中保留」[17]と日記に記した。心中に浮かぶものをすべて口にするわけではなく、ふるいにかけて、言ってもよいと判断する範囲にとどめていたのである。結局フェレンツィは、サヴァーンの要求に抗して、真の「相互性」ではない、サヴァーンの治療に必要な範囲でのみ逆の立場の分析を受け入れるという提案をあらためて行った。

望んでいた真の相互性を拒否されたサヴァーンの反応は、「凍りつくような長い沈黙」だった。しかし、続いて彼女は、フェレンツィの提案を受け入れた。はじめは本気で相互分析を行うつもりだったフェレンツィは、ここまで引きさがることで、相互分析という試みに一つの区切りをつけた。

治療の格闘はまだ続く。しかしサヴァーンの治療によって見えてきた子ども時代の性的暴力の存在から、フェレンツィは一つの重要な洞察を得た。四月五日の日記に、「大人による小さな子どもへの性器的攻撃の外傷的作用に関する臨床経験が、幼児性欲に関する従来の分析的理解の変更を私に迫る」と彼は記す。残されたフェレンツィの人生を導く重要な洞察であり、分析的理解の変更であった。

注

(1) ハンガリー出身の分析家。マイケル・バリントの著作を中井久夫氏がはじめて翻訳した時、ブタペシュトという表記が用いられた。

(2) 『グロデック書簡』p. 93. 一九三〇年六月一五日付。

(3) Vilma Kovács, neé Prosznitz (1883-1940)『グロデック書簡』一九二四年一二月一五日付。n. 6, p. 195. ヴィルマの娘は、マイケル・バリントの妻、アリスである。

(4) Michael Balint (1896-1970)

(5) Otto Rank (1884-1939)

(6) 以下の記述の多くは次の文献による。Christopher Fortune, The Case of "RN": Sandor Ferenczi's Radical Experiment in Psychoanalysis. *The Legacy of Sándor Ferenczi*., p. 101-120.

(7) Mary Baker Eddy (1821-1910)

(8) Hugo Müsterberg (1863-1916) ドイツ語読みでミュンスターベルクと表記される場合もあるが、ここでは英語読みに従っておく。

(9) Hugo Münsterberg, *Psychotherapy*. Moffat, Yard and company, New York, 1909.

(10) William James (1842–1910)

(11) Elizabeth Severn, *Psycho-Therapy: Its Doctorine and Practice*. Rider & Co., London, 1913.

(12) 第7章冒頭。

(13) 『日記』一三七頁。

(14) 「大人との子ども分析」『貢献』一二六頁。

(15) 『日記』一〇三頁。

(16) 『日記』一五頁。

(17) 『日記』六五頁。

第二章　ウィーン一九〇八——ベルクガッセ

ウィーンへ

一九〇八年二月二日に、フェレンツィは、はじめてウィーンのフロイトを訪れた。精神病理学者フィリップ・シュタイン[1]と共にブダペストで列車に乗り込んだ彼は、すでになじみのあるウィーンまでの車窓の風景を眺めていた。二人の話題は、おのずと、二人ともまだ会ったことがないフロイトと、二人ともすでに会っていたユングに向かったであろう。

ウィーンとブダペストは、オーストリア・ハンガリー二重帝国のそれぞれの首都である。地理的にも二五〇キロ弱と近く、当時、すでに技術革新の進んだ蒸気機関車では、長旅というほどもない旅である。一九〇〇年に、オリエント急行で四時間四〇分かかったということなので[2]、およそ同程度の旅だったろう。それに、一八九四年までウィーン大学で医学を学んだフェレンツィにとって、ウィーン再訪だけであれば、特別の感慨を覚えるほどでもない。

しかし、フロイト訪問となると話は別である。フロイト訪問は、もしかすると自分の未来を、予想もしなかった方向に導くのではないか。もしかしてフロイトの精神分析こそが、自分に進むべき道を与えてくれるのではないか。しかしそもそもフロイトは自分のことをどう評価するだろうか。フェレンツィの心は期待と不安の境をさまよっていた。

二人は、フロイトが住み、分析治療オフィスを開業するベルクガッセに向かった。フロイトは治療をしない日曜日を二人に提供していた。二月ともなると日が長くなっていくのを感じることができるものの、フロイトの自宅があるベルクガッセは、真冬の寒さに包まれていた。二人は、馬車でフロイトの家の前に到着したに違いない。ブダペストにはヨーロッパ大陸初の地下鉄が一八九六年に開業していたが、ウィーンに地下鉄ができたのは驚くほど遅く、一九七〇年代のことである。路面電車の方は、ウィーンにもすでにあった。ただ、今日であれば、フロイトの家（今日のフロイト博物館）に近いポルツェランガッセの停留所があるが、当時その路線はまだなかった。午後三時ごろ馬車を降りた二人は、フロイトの症例論文に登場する患者たちが通い、前年にはユングが訪れた、ベルクガッセ一九番地の扉をたたいた。[3] それはフェレンツィにとって精神分析への扉であった。

図２　ベルクガッセ　19番地

家族史

フロイトに会って以降のフェレンツィの人生は、その足跡を容易にたどることができる。しかし、この日までのフェレンツィについては、記録が少なく、ほとんど情報のない時期もある。フェレンツィには、フロイトやユングのような徹底的調査に基づく伝記がまだ現れておらず、いくつかの文献に分散する情報を参照するしかない(4)。

フェレンツィがこの世に生を受けたのは、一八七三年七月七日、ハンガリー北東部にあるミシュコルツという小都市である。書店を営む父、バルーク・フレンケル Baruch Fränkel と母ローザの間の八番目の子どもだった。

両親とも生まれは、現在ポーランド南部に位置するクラクフである。バルークは一八三〇年、ローザは一八四〇年にその地に生まれた。フェレンツィはハンガリーに生まれハンガリーで死んだ分析家であり、生粋のハンガリー人と思われがちだが、両親のルーツがポーランド、あるいはクラクフが属するガリツィア地方にあることは注目してよい。ガリツィアは、クラクフ周辺から現在のウクライナ北西部にわたる地域で、オーストリアから言えば北東、ポーランドから言えば南東に位置する。オーストリア、ロシア、プロシア、ポーランド、ハンガリー、ウクライナと言った帝国、王国、地域の中を揺れ動いてきた地域である。

クラクフは一七世紀にワルシャワに遷都されるまでポーランド王国の首都だった長い歴史を持ち、コペルニクスが学んだ伝統あるヤギェウォ大学を有する大学都市でもある。二人が生まれた時代は、一八一五年のウィーン会議で西ガリツィアがオーストリア領となると同時に、クラクフがクラフク共和国としてロシア、プロイセン、オーストリアから保護された都市国家となっていた時代である。

母ローザの家族は、彼女の幼少期にクラクフからウィーンに移住した。その具体的理由は不明だが、当時、オーストリア帝国の多民族国家、多文化国家政策を背景に、多様な民族が周辺地域からウィーンに移住していたので、特に珍しいことではなかったはずである。ローザの家族は、フロイトの家族がそうであったように、ウィーンに流入するユダヤ人の一例だった。ローザは、ウィーンでドイツ語を母語として育ったので、フェレンツィが後年ドイツ語を母語と同じように操り、ドイツ語で論文を発表するための基盤を築いた。ローザの家では、ドイツ語のほか、ハンガリー語、ポーランド語、そしておそらくイディッシュ語が話されており、彼女は、少なくともバイリンガル、あるいはマルチリンガルだった。

父バルークもクラクフを離れ、ガリツィア地方の他所に移った(5)。場所を特定することができないが、この時おそらくオーストリア帝国内に入ったのであろう。バルークがのちに書店主となってフェレンツィに文化的背景を提供したことを考えると、子ども時代に豊かな教養を身につけていたと考えるのが自然である。だとすれば、クラクフと並ぶ西ガリツィア地方を代表する文化都市、リヴィウに移ったのかもしれない。リヴィウは、のちにマゾヒズムの語源に使われてしまった作家、マゾッホが生まれ育った町でもある(6)。六年年長のバルークがマゾッホとどこかで知り合っていたかもしれないと考えると面白い。マゾッホは多様な民族、文化が混交し、中世と近代がせめぎ合うガリツィアを生涯愛し、ガリツィアを舞台とする多くの作品を残している。

青年期までのバルークについては残念ながら情報がない。クラクフやガリツィアの状況から、オーストリアの王族や支配階級への憤りを募らせていたかもしれない。ガリツィア地方は貧しく、一八四六年には農民一揆が発生して鎮圧された。一八四八年三月一五日にペストで三月革命が発生すると、バルークは革命運動に参加するためにハンガリーに入った。一八四八年は、ヨーロッパ全域で自由を求める革命運動が起こった年で、ここで言う三月革命とは、パリ、ミラノ、ウィーンの革命に刺激されてペストで――当時はまだブダと統合されていなかった――起こったデモに発する革命運動、独立運動である。

一八歳の血気盛んなバルークには見えていなかったかもしれないが、この戦いは、独立を希求するハンガリーと、それを抑え込むオーストリア帝国という単純な対立図式では理解できない。なぜなら、ハンガリー自体がクロアチア人、スロバキア人、ルーマニア人などの多様な民族を抱える多民族国家（当時は地域）であり、それらの人々は、マジャール人による支配を望んでいなかったからである。そして、ハンガリーの革命軍には、それらの人々の自治を許す気持ちは毛頭なかった。つまり、ハンガリーは、抑圧からの自由を希求しながら、自ら抑圧者でもあったのである。オーストリアの働きかけによって、それらの地域軍はハンガリーに対抗し、革命軍の勢力を削いで行った⑦。

他方ポーランドは、ロシア帝国からの独立を願う自らをオーストリア帝国と戦うハンガリーに重ねて共感する立場にあった。実際、この革命には、ポーランド軍人も参加して戦っていた。バルークはそのような動きにも共感したであろう。ただ、皮肉なことに、ハンガリーの三月革命の熱が、隣国ポーランドも動かした結果、ポーランドの民族意識を恐れるロシア軍の参戦を呼び込んでしまい、これが決定打となって、革命軍は敗北した⑧。

バルークが革命に馳せ参じた動機には、オーストリア帝国の支配への怒りがあったろうが、ガリツィアへの帰属意識だけではなく、あるいはおそらくそれ以上にユダヤ民族としてのアイデンティティが重要な役割を果たしていたであろう。東欧のあらゆる地域に人口を持っていたユダヤ人にとって、一つの国や地域への所属意識より、世界市民として、ヨーロッパ全域で起こった旧体制との戦いへの共感が強かった。

革命の命運はバルークの願いと異なった道をたどったが、ヨーロッパ全域を巻き込んだ革命への熱を一八歳という年齢で浴びたことは、彼の生涯を決定付けることになった。革命が終わった時、一つの岐路が彼の前にあった。生まれ育ったガリツィアに戻るのか、ハンガリー中央部にとどまるかの選択である。バルークは、エゲルにしばらく滞在した後、翌年ミシュコルツに住む許可を得る。一九歳の時のことである。[9] エゲルもミシュコルツも現在のハンガリーの北東部に位置する小都市である。

彼が若い頃にどのような職を経験したか定かではないが、ハイルプランというアメリカ人[10]が所有する市の中心部にある書店に職を得て、その経営を任されるようになる。フェレンツィ家では、そのアメリカ人が革命運動指導者の秘書を務めていたことが伝わっているので、バルークの革命時の行動が信頼につながった可能性もある。ハイルプランは一八五六年にアメリカに帰ることを決め、バルークに書店を売却した。バルークは所有権を得るため、信頼に足る人物であることを証明する署名を何人かの有力者から集めねばならなかった。[11] おそらく、外国出身であること、革命に参加したことなどが理由であった。[12] この書店は、約百年後に、第二次世界大戦後の共産制で国有化されるまでフェレンツィ家の所有だった。

ミシュコルツに住んで約一〇年後の一八五八年に、バルークはローザとウィーンで結婚した。ローザがこの時までウィーンで育ったとすれば、ミシュコルツのバルークとどうして知り合ったのだろうか。クラクフで交流のあった互いの家族か、あるいは知人による縁談なのかもしれない。ウィーンに出てもクラクフの知人との交流が続いたとすれば、十分ありうる縁談であろう。

それからさらに十年近く経った一八六七年、バルークが三七歳の年、ハプスブルク帝国は、諸民族の独立運動の高まりの中で、マジャール民族（ハンガリー民族）との共存を図り、独立した国家としての自治権をハンガリーに与えた。オーストリア・ハンガリー二重帝国という形態が生まれたのである。その結果、翌年にハンガリー語が公用語となる。それまではハプスブルク帝国の全領域でドイツ語が公用語だったのである。独立によって、バルークの革命参加経験は、むしろ彼を尊敬の対象とすることになった。ハンガリー独立のために戦った市民は、ユダヤ人であれ、栄誉あるハンガリー人であるという観念である。

成長

この間、バルークとローザは次々と子どもを設けていた[13]。ヘンリク、ミクサ、ジークムント、イロナ、マーリア、ヤコブ、ギゼラである。そして一八七三年に、八番目の子として私たちの主人公、シャーンドル Sándor が誕生した。五人目の男子である。

フェレンツィが生まれて間もなくの一一月一七日にドナウ川西岸のブダとオーブダ（旧ブダ）、東岸のペストが合併し、フェレンツィの将来の活躍の地、ブダペストが生まれた。この時代のブダペストの発展は目覚しく、ウィーンに肩を並べる大都市に成長する。その近代化の速度はハンガリーの他地域と比べものにならない突出したものであった。

その後一〇年の間に、さらに、モリッツ-カローイ、ヴィルマ、ラヨシュ、ゾーフィアの四人が生まれたが、ヴィルマは一歳になる前に亡くなった。バルークとローザの間には一二人の子どもが生まれ、うち一人を除いて一一人が育ったのは、時代を考えるとむしろ幸運であったろう。そこには、ハンガリーの急速な発展に伴う衛生状態の向上や医学の進歩が関係しているかもしれない。

フェレンツィが六歳の一八七九年に、家族は、苗字をハンガリー名（マジャール名）のフェレンツィ Ferenczi に変えた。新生ハンガリーという大きな共同体の中で、ユダヤ人が差別なく統合されていくように見えた。フェレンツィはハンガリー貴族に起源を持つ苗字で、Ferenczy の方が一般的だが、貴族的な印象を与えるyを避けてiを用いた。[14]また父親は名前もマジャール名のBernátに変えた。この改名に従って以後はベルナートと表記する。[15]

さて、ベルナートは、オーナーとなった書店で出版も手がけ、進歩主義的な本を世に問うていった。また、音楽、朗読、講演などの興行を企画し、著名人をミシュコルツに招聘した。革命への参加からハンガリーに居を構えたことからわかるように、彼は、反権威主義的、革命的思想を常に支持し、同様の思想を共有する知識人の交流の場となった書店は、ミシュコルツの文化的拠点の一つになった。

フェレンツィは、こんなベルナートのお気に入りの息子だった。ベルナートが知人や仕事先を訪問する時、幼いシャーンドルはいつも父親についていった。子ども時代、少年時代のフェレンツィは、書店に並ぶ書物と父親の周りに集まる人々から、多様で豊かな文化と人々の情熱を吸収していった。

父親への思慕と比べると、のちにグロデックに告白しているように、[16]母ローザとの関係は問題含みであった。フェレンツィの子ども時代は、尊敬する偉大な父と厳しすぎる母のもとで過ぎていった。

そのフェレンツィを、悲劇が襲う。一五歳の一八八八年に、ベルナートが五八歳で亡くなったのである。これから人生の荒波に船出をしようとする青年期の入り口であった。父ベルナートの経験、知識、人脈がますます必要になる年齢である。人生の導き手を失ったフェレンツィの落胆は深かったに違いない。

ただ、書店の経営を引き継いだローザは、優れた手腕を見せ、同じくハンガリー北西部にあるもう一つの都市、ニーレジュハーザNyíregyházaに支店を開くまでに発展させた。ユダヤ人女性組合の会長も務めた。彼女は、家庭を守るよりは社会の中でこそ力を発揮する人物だったのだろう。

フェレンツィは、ミシュコルツのプロテスタント系ギムナジウムに通った。この時期、そしてそれ以降も、彼の心を支配していた世界は文学だった。ギムナジウム時代の一つのエピソードが残っている。入学して間もないこと、生まれてはじめてクラスの前で詩を朗読する機会があった。『遠くから』と題するシャーンドル・ペテフィ[17]の詩の朗読だった。ところが彼は作者の名を読むときに、シャーンドル・フェレンツィと自分の名前を言ってしまった。爆笑された彼は、なぜ笑われたのかまだわからず、授業後に教師に聞いてはじめて気づいた。後年彼は、同じファーストネームに引きずられたという理由の他に、自分が英雄詩人に憧れ、同一化していたと解釈している[18]。

この時期、彼にとって重要な意味を持つ交流がフェレンツィ家に生まれていた。アルトシュル（アルチュール）Altschul 家との交流である。この家の娘、ギゼラ Gizella をフェレンツィが知ったのはこの頃である。ギゼラは、間もなくゲーザ・パーロシュと結婚し、エルマとマグダの二人の娘をもうけた。マグダは、後に、フェレンツィの弟、ラヨシュと結婚する。エルマの方はフェレンツィにとってさらに重要だが、その物語は後に語ろう。

医学生

フェレンツィは、ギムナジウムに通っていた一八九〇年から、つまり一七歳のときから医学に関心を持ったようである[19]。彼は、ギムナジウム時代に、すでに心霊現象、超心理学的現象に関心を持ち、自ずと催眠を身近な人に試み始めた。催眠は古い歴史を持つ技法だが、ときに「いかがわしさ」から排除されることもあった。この時代は、フランスのシャルコーやベルネームの活躍によって医学の一技法として新たな光が当たっていた時代である。現在と違って当時は、こうした医学的、あるいは心理療法的技法に関心を持つと、まず家族や身近な人々を対象とすることが珍しくなかった。彼はまず姉妹たちに催眠を試したがあまりうまくいかなかった。そこで家業の書店の一七歳の店員に試みた。[20] 店員への催眠は見事に進み、彼は催眠に熱中する。興味を持つと、とことん熱中するフェレンツィのことなので、急速に催眠の知識を深めていったことだろう。催眠先進国であったフランスの文献も読み始めた。彼が精神医学に進路を定めるのは時間の問題であった。

フェレンツィがギムナジウムに学んでいた一八九〇年代のはじめは、フロイトがヒステリーと催眠の研究家として次第に知られていた時期でもある。[21] フロイトは、八〇年代にフランスのシャルコーの下に留学してウィーンに戻ると、ヒステリーと催眠について講演したり、短文を書いたり、シャルコーやベルネームという、留学中に出会ったフランスを代表するヒステリー研究家の著作を翻訳したりしていた。一八九一年には、ベルクガッセに移り住み、しばらく前に決めていた開業医としての道をいよいよ本格的に歩み始めていた。

同じ時期に神経学や催眠に関心を深めたフェレンツィは、催眠とヒステリーに関する文献を読むうちにフロイトの名前に出会っていたかもしれない。フランスの催眠やヒステリーの研究に詳しいフロイトは、フェレンツィから見て、自らの関心の方向のかなり先を歩んでいる先達と見えただろう。もしかしたら、彼は、シャルコーやベルネームの著作を、フロイトの翻訳で読んだかもしれない。あるいはすでにフランス語で読んだものを再読して、内容を確認したかもしれない。

ギムナジウムを優秀な成績で終えたフェレンツィは、一八九三年から、医師を目指してウィーン大学で学び始める。[22] ウィーン大学は、フェレンツィにとって殆ど迷う余地のない選択だった。ブダペストの大学も急速に水準を高めていたが、ウィーン大学の医学が世界水準にあることは、誰もが認めるところだし、ハンガリーのギムナジウム卒業生を受け入れていたので多くのハンガリー人がウィーン大学で学んでいた。それに、彼が育った小都市ミシュコルツから見れば、ウィーンもブダペストも別世界のような大都会である。ウィーン育ちの母親のもとでドイツ語をほとんど母語として育ったフェレンツィにとっては、大都会ブダペストのほうがむしろ馴染みがなかったのではないか。ウィーンとのつながりはそれだけではない。叔父のジーガ・フレンケルがウィーン在住で、母ローザの親戚もいた。大好きな兄、ジークムントは、リンツ近郊の製紙工場で科学者として働いていた。ウィーン大学進学はごく自然な選択だったのである。大学に入った彼は、叔父の家に下宿し、たびたび兄と山歩きを楽しんだ。このジークムントは、後に、同僚の妻であったメラニー・クラインとフェレンツィを引き合わせたと言われている。(23)

フェレンツィはウィーンで、神経学、精神医学への関心をさらに深めていった。後の心理療法家、そして精神分析家への歩みが本格的に始まった。

当時のウィーンは、周辺地域から人口が流入し、多様性を取り込みながら多民族都市として急速に発展していた。世紀末ウィーンと呼ばれる文化が花咲いていたころである。その一方で、長く皇帝の座にあったフランツ・ヨーゼフ一世と美貌の王妃エリーザベトの間に生まれた皇太子ルドルフ大公が、一八八九年に愛人マリー・ヴェッツェラと謎の情死事件を遂げ、帝国の未来に暗い影を投げかけていた。

しかし、帝国の存続が揺らぐのはまだ少し先である。学生時代のフェレンツィの関心は、政治的状況よりは、ウィーンを最大限楽しむことに向けられた。(24)

ヒステリー研究

フェレンツィがいつフロイトの名を知ったのかは定かではないが、遅くともウィーン大学で学び始めた一八九三年に知っていたことは確実である。その年にフロイトの論文を読んだことを彼自身が講演で語っているからである。フロイト訪問直後の三月二八日にブダペスト医師会で行った講演[25]での事である。彼は冒頭部分でこう語っている。

「すでに一八九三年に、私は、彼がブロイアーと書いたヒステリー症状の心的機制に関する論文を読み、後には、精神神経症の原因あるいは出発点としての幼児期の性的夢を彼が議論した単著論文を読んだ。」

一八九三年に読んだという論文は、「ヒステリー諸現象の心的機制について[26]」である。フロイトが精神分析へ歩みはじめた出発点に置かれるこの論文を発表年に読んだということは、精神分析の始まりに同時代的に接していたことになる。この言葉の後、彼はこう自らに問いかける。

「今日、多くの症例でフロイトの理論の正しさを確信した後、私はこう自分に問いたい。そのとき私があれほど即座にそれらの論文を拒絶してしまったのはなぜか、はじめそれらがありそうもなく人工的と見えたのはなぜか、とりわけ、神経症の純粋に性的な起源という仮説が強い嫌悪を私の中に引き起こし、もっと丁寧にそれらの論文を検討することさえしなかったのはなぜか。」

つまり、彼は論文の価値を見過ごしてしまったのである。フェレンツィは続いて、多くの重要な学者たちが今でも反対の立場なのだから致し方ないところもあると言い訳をしているのだが、フロイトへの心酔から考えると彼が大いに後悔したのも無理はない。

彼がここで読んだと言っている論文には、幼児期に受けた性的なトラウマが神経症の原因となるという神経症の性的起源説、いわゆる「誘惑説」を打ち出した論文も含まれている。彼が「とりわけ」強い嫌悪を感じたのは、その性的起源説である。性的起源説には多くの反対があったので、彼が反発を覚えたとしてもおかしくない。しかし、一八九三年の論文も拒絶した理由は別に考えなければならない。なぜなら、一八九三年の論文が扱っているトラウマは、必ずしも性的なものではないからである。たとえば、報告に登場する一例は、「あるサラリーマンが上司から虐待され」というもので、具体的には、路上で罵られ、杖で打たれた場面である。つまり、フェレンツィが、一八九三年に感じた抵抗は、性的要素とは別のところにあったと考えられる。

では、フェレンツィが一八九三年のヒステリー研究を「ありそうもなく人工的」と感じた理由はどこにあったのだろうか。少しその理由を推測してみよう。フェレンツィが大学入学の年に読んだ論文の核心は次の箇所である。

私たちはすなわち次のような発見をしたのである。私たち自身これには当初、大いに驚いた。

つまり、誘因となる出来事に関する思い出を完全に明断なかたちで喚び覚まし、その想い出に随伴する情動をも目覚めさせ、さらには患者が可能な限り詳細にその出来事について物語り、その情動に言葉を与えたとき、個々のヒステリー症状はただちに消失し、二度と回帰することはなかったのである。(28)

フロイト自身が強調している傍点部分が、フロイトたちが発見したと主張する内容である。この文章に含まれる理解を細分化すると、ヒステリーの原因と治療についてそれぞれ次のような内容が含まれている。

1. ヒステリー症状の誘因は、過去の出来事である。
2. その出来事の思い出が症状をもたらしている。

「過去の出来事」がトラウマ的出来事を指しており、その「思い出」=記憶が症状を生んでいるという理解である。これが、ヒステリーの病因に関する発見である。治療方法については、次の四点に分けられる。

3. その思い出を完全に、明断に喚び覚ます。
4. 随伴する情動を目覚めさせる。
5. 患者が出来事を物語る。

6．情動に言葉を与える。

フェレンツィは、三〇年以上も後、つまりサヴァーンの治療に苦労していた頃に、初期のフロイト理論への「回帰」を唱え始める。その際、基本的には、原因についても治療法についても、この内容をそのまま受け継いでいる。

では、一八九三年の学生時代に、こうした細部を「丁寧に検討する」ことなく、「ありそうもなく人工的」と感じて「即座に」拒否してしまったのはなぜだろうか。まず、彼には治療経験がまだなかったのだから、丁寧な検討はそもそも難しかっただろう。それに加え、1、2の病因を踏まえて3から6までの方法をとるというある意味シンプルな因果論的考え方に「ありそうもない」と感じた可能性がある。

フェレンツィは、当時、催眠という治療技法に深い関心を持っていた。フェレンツィの催眠への熱中の背後には、後に触れるように、「超自然的」なもの、あるいは、「非理性的」なものへの関心があった。催眠によって起こる現象の不思議さにフェレンツィは魅了されていた。それに対して、この論文に始まるフロイトの考え方は、原因を詳細に明らかにすることで治療する、後に「分析」と名付けられる方法論である。その考え方を理解し、受け入れることはフェレンツィには当時難しかった。(29) その時の彼にとっては、過去の記憶を語れば治るなんて、「そんな簡単なものではない」という感覚だったかもしれない。

修行時代

フェレンツィは、学生時代を通してフロイトが活動するウィーンに住んだのだが、今見た感想からして、この時期にフロイトに会って教えを請うといった行動に出る可能性はなかった。こうして、フェレンツィはフロイトとニアミスしてウィーンでの学生時代を終えた。学生生活を終えた彼は、一年間の兵役を務めたのち、ブダペストのいくつかの病院で研修医を務める。一八九九年からまず彼が勤務したのは、ペスト地域に位置するブダペストで最も古い聖ロカス病院だった[30]。ペスト地域は、高級住宅街が広がるブダ地域と違い、商人を代表とする市民が暮らす地域だった。

図3　聖ロカス病院
（出典）The Legacy. p. 174

世紀末のブダペストは、急速に近代化が進み、ユダヤ人をはじめとする周辺地域からの流入によってますます人口が増大していた[31]。ハンガリーはほとんどの地域が農業地帯であり、産業化、近代化が進むブダペストと他地域の格差が広がると同時に、ブダペスト内での貧富の格差も大きくなっていた。他方で、社会問題を抱えながらも、文学、芸術の都としてますます輝いていた。ウィーンにならってカフェ文化が栄え、文化人が賑やかに集った。ホテル住まいの独身者フェレンツィは、カフェ文化に浸り、文学者の集まりに顔を出し、熱い議論を交わすのだった。ブダペストで築いた文学者たちとのネットワークは、生涯にわたり豊かな資源となった。のちに分析治療を始めてからは、このネットワークを通じてフェレンツィを知った文学者たちが治療のために訪れることになる。

当時の文化の興隆を示す現象の一つは新しい雑誌が続々と創刊されたことである。その一つに、医学雑誌、『癒しの術』(*Gyógyászat*)があった。編集者、ミクサ・シェヒター[32]は医師であり、年長の友として、フェレンツィにとってある意味父親代わりの役割を演じた人物である。『癒しの術』は、この時期にも後の精神分析時代にも、多数のフェレンツィの論文を掲載しているが、ハンガリー語で発表されたそれらは、他言語にまだ翻訳されておらず、多くの読者にとってハンガリー系のフェレンツィ研究家の論文から垣間見るしかない状況である。

シェヒターとの出会いに彼を導いたのは、偶然の重なりだった[33]。聖ロカス病院に勤めると、フェレンツィは院長の指示で、売春婦担当医師となった。このときも次に勤務した聖エリザベス病院[34]でも、フェレンツィが治療を行った患者たちは、社会の周辺に位置する人々であり、開業して個人臨床を行っていたフロイトの対象とは大きく異なっていた。そうした地位は彼の意に沿わないものであったが、他方で彼の意識を、社会の変革と、特に保健政策の必要性に導いた。その姿勢は、革命に馳せ参じた父ベルナートから受け継いだものでもあり、当時のハンガリーの時代精神とも呼応していた。

実は、後に彼が分析に関心を深めた動機も、社会問題への意識と無関係ではない。催眠暗示との違いを講義で説明する機会を持ったとき、彼は、原因を突き止めて解決する点に分析の本質があると言いながら、次のように語った。それは、「飲酒癖や結核の真の起源である社会悪を突き止め、それらの根源的原因と戦う社会学にむしろ似ている[35]」と。対症療法に留まらず、心の分析によって根源の問題を解決したいという思いが、社会改革思想への関心と結び合っていたのである。

この時期にも、先に触れた心霊術への関心は続いていた。フロイトはヒステリーと催眠という経路を通って無意識へ辿り着いたが、フェレンツィには心霊術という経路があった[36]。売春婦担当の仕事に疲弊した彼は、夜の研修医室で一人、自動書記の実験を試みた。何度も試みるうち、殴り書きは次第に文字となり、文となり、問いかけたペンが答えるという対話になっていった。そしてついにペンは、「『癒しの術』に心霊術の論文を書きなさい。編集長が興味を持ってくれるはずです」と書いてきた。さっそく論文を書いたフェレンツィが編集局に送ると、シェヒターから呼び出され、二人の交友が始まったのである。論文「心霊術」は無事『癒しの術』に掲載された[37]。フェレンツィはそこで、「今日の私たちの知識からして、間違いなく心的機能に多くの無意識的、下意識的要素がある」とした上で、次のように論じる。

「心霊術のほとんどの現象は、心的機能が二ないしそれ以上の部分に分割し、意識の凸面鏡にはその一個だけが映し出され、他が意識外で自律的に働くことに基づいている。霊媒が（実験を）意識の外で不随意的に行うことができることをこれによって説明できる[38]」

「下意識」という概念はすでにフランスの催眠学を通して知られており、その知識に基づいて心霊術を理解しようとしていた。彼がこの時期に実際に霊媒に会ったり降霊術に参加したりしたのかどうかわからない。ただ、オカルティズムへの関心と、心理学的にそれを理解しようとする科学的な姿勢の両者をここに見て取ることができる。

ちなみに、社会的改革への関心と同様、心霊術への関心も、彼独自のものというより時代精神を背景にしたものである。なぜなら、一九世紀の後半から二〇世紀にかけて、多くの医師や心理学者が、現在なら超心理学と呼ばれるこの領域に関心を持っていたからである。科学的心理学の対象と、霊的現象との境界は当時まだ明確ではなかった。たとえば、アメリカ心霊研究協会（一八八四年設立）の、少なくとも設立時には、後に登場するスタンレー・ホールなど、高名な心理学者が参加した。心霊現象があると認める学者ばかりではなかったが、それが研究対象であることを多くの心理学者が認めていたのである。[39]

一九〇〇年に彼は、フロイトの記念碑的作品、『夢解釈』を、シェヒターから献本されている。書評の候補に上っていたからである。フェレンツィは、流し読みをした後、のちに後悔する返答を彼にしてしまう。その言葉を直接記録したものはないが、研究家の推測からすると、おおむね、「（解読の）努力に値しない」という内容だった。ここでもまた、「丁寧に検討する」機会を逃してしまったのである。ただ、フェレンツィの蔵書に含まれるこの書のタイトルページには、Aere Perennius（青銅よりもさらに永遠に続く）というラテン語が記入されている。[40]のちに考えを改めてから記入したものだろうか。ともかく今日の目から見ても、このときフェレンツィが書評を書いていれば、歴史的に重要な文章となったに違いない。

フェレンツィが本格的にフロイトの仕事に関心を寄せるにはまだしばらくの時間を要した。フェレンツィの仕事は、精神分析と出会ってからのものしか知られていないが、無意識、人格の分裂、社会問題と心理学的理解など、三十代半ばのその時までにすでに後の「フェレンツィ学」の基礎が築かれていた。当時フェレンツィが関心を持ち、論文も書いていたさまざまの主題は、その後も彼の仕事の通奏低音となっていく。

精神分析へ

自動書記の次にフェレンツィが関心を持ったのが、ユングが考案した言語連想検査だった。彼をユングの仕事に導いたきっかけは、一九〇五年に偶然やってきた。その年ブダペストで開催された「国際禁酒学会」である。

学会には、厳格な禁酒主義者で、学会を牽引する学者、オイゲン・ブロイラーが参加していた。スイスのチューリヒにあるブルクヘルツリ病院の院長である。フェレンツィはこの学会に参加しなかったが、知人の精神病理学者、フィリップ・シュタインが参加した。フェレンツィとともにフロイトを訪問することになるシュタインである。シュタインは、反アルコール運動の牽引者だったので、ブダペストでこの学会が開催されたのには、シュタインの存在が大きかったに違いない。シュタインとブロイラーは、学会で互いの禁酒主義を熱く語り合ったことだろう。そしておそらくは学会中に、ブロイラーから、「ブルクヘルツリ病院の訪問を」という誘いがあり、シュタインも「ぜひ」と希望したに違いない。こうして、シュタインは、ブルクヘルツリ病院を訪問することになった(41)。禁酒主義だけでなく、有名なブルクヘルツリ病院を一度は訪れたいという思いは、精神病理学者としては当然である。こうして、シュタインは、ブロイラーの下で働くユングに会うことになったのである。

このときユングはまだフロイトに会っていない。ユングは、フロイトの無意識説に深く傾倒し、無意識を探る一つの手段として言語連想検査を考案していた。当時彼は、言語連想検査の実験に夢中で、これはと思う人を捕まえては検査を受けさせていた。シュタインも例外ではなく、検査を受けた。ブダペストに帰ったシュタインからこの話を聞いたフェレンツィは、すでに発表されていた言語連想検査に関するユングの論文を読み、早速試みた。熱中しやすいフェレンツィは、言語連想検査実験にすぐに夢中になった。そして、背景にあるフロイトの理論にようやく本格的に接することになったのである。

ユングの仕事に魅了されたフェレンツィは、シュタインにならってブルクヘルツリ病院を訪ねた。この時の詳細は残念ながら不明である。(42) ユングは、フェレンツィの訪問を受けたすぐ後、一九〇七年三月に妻のエルマとフロイトをはじめて訪問したのだが、その足でシュタインとフェレンツィを訪ねてブダペストまで足を延ばした。(43) フェレンツィは、直接ユングからフロイトに会った経験を聞いて、是非フロイトの知己を得たいと考えたことだろう。

それからしばらくして、シュタインはフェレンツィとフロイトを訪問したいので紹介して欲しいという手紙をユングに書いた。おそらくはフェレンツィの気持ちの方が強かっただろう。ユングは、すぐ後に書いたフロイト宛の手紙に、まず、「『事務上』のご報告から書きはじめます」と切り出し、「ブダペストのシュタイン博士ともう一人の神経科医であるフェレンツィ博士」がフロイトを訪問したがっていると知らせた。注目される論文をドイツ語で書いたこともないフェレンツィを知っていたはずはなく、フロイトにとって、これがフェレンツィの名を聞いたはじめての機会だったはずである。フロイトはこのとき、このフェレンツィというハンガリー名の医師と、彼が住むブダペストが、精神分析にとってのちにそれほど重要になるとは夢にも思わなかっただろう。そうして実現したのが、二月のフロイト訪問だった。

前年夏からこの冬までの期間、フロイトの頭を占めていたのは、「第一回フロイト心理学会議」の計画である。精神分析に関するはじめての国際学会である。フロイトとその周辺のサークルのメンバーたちは、精神分析が国際的に注目されることにそれほど関心を持ってこなかった。「水曜会」と名付けられた研究会のためにフロイトの家に集っていたメンバーの関心は、ウィーンの地で精神分析を発展させることにあり、またウィーンの社会にそれが受け入れられないことに苦しんでいた。ウィルヘルム・シュテーケル、アルフレッド・アドラー、オットー・ランクらが、その中核メンバーであった。

精神分析が国際的に展開するうえで大きな役割を果たしたのは、むしろスイスのオイゲン・ブロイラーだった。フロイト理論に関心を持った彼は、フロイトと文通し、無意識を実験的に研究するため言語連想検査をユングに勧めた。ブルクヘルツリ病院には、ドイツ人のカール・アブラハムやマックス・アイチンゴンが研修に来たことがあり、ユングと会い、フロイトへの関心を深めた。ロンドンのアーネスト・ジョーンズも著作を通じて精神分析に関心を持ち、チューリヒのユングを訪れた。

こうして国際的なネットワークが形成された頃、ジョーンズが国際会議開催の提案をユングにした。このアイデアをユングがフロイトに伝え、フロイトの賛同を得て開催が決定したのである。会議の企画が、ウィーンのサークルからではなく、スイスを接点とする人間関係から生まれたことは、その後の「国際会議」の推移に少なからず影響している。開催場所にザルツブルクを選んだのはフロイトだった。ジョーンズは、はじめ国際精神分析会議 International Psychoanalytical Congress という名称を提案したが、ユングの意見で、第一回フロイト心理学会議と呼ぶことになった。

こうして、一九〇八年四月二七、二八の二日間、ザルツブルクのホテル・ブリストルでフロイト心理学会議が開催されることが決定した。ユングとフロイトの文通を通して、幾度か案が検討された後、一月中旬にユングから参加を呼び掛ける手紙が関係者に送られた。フェレンツィはまさにこの計画が進んでいる直中にフロイトを訪問したのである。

訪問

フェレンツィとシュタインは、ベルクガッセ一九番地の、通りの中で特に目立つところもない建物の中二階にある、フロイトのフラットに通された。長女マチルデは虫垂切除後の療養中、妻マルタ他の家族はインフルエンザで、二人をもてなすことができなかったが、フロイトは三時以降の時間をすっかり二人のために空け、歓待した。フロイトのこのフラットの内部は、ずっと後にフロイトがウィーンを離れる直前に撮られた写真で有名である。そこには夥しいフロイトのコレクションが写っている。彼の民族学、古代史への関心を反映したコレクションである。しかし、フェレンツィたちが訪れたのはその三十年前である。この時期の様子を伝える写真は存在しないが、コレクションの数はまだずっと少なかったに違いない。

フロイトと二人は初対面である。ユングも二人について詳しい情報を伝えていない。感謝や自己紹介から話が始ったであろう。フェレンツィは、ウィーン大学で医学を学んだことや、ユングと知り合ったいきさつを語っただろう。しばらくしてフェレンツィは、もともと用意していた重要な話題を切り出した。間も無く予定しているブダペスト医師会での講演計画の相談だった。フェレンツィは、自分が深く学び出してから間のない精神分析を、医師たちに正しく伝えたいと考えていた。そのために、フロイト自身にその構想を話し、指導を仰いだのである。また、フロイトが一九〇五年に発表していた「機知—その無意識との関係」に話が及び、フェレンツィはハンガリーのなぞなぞにその理論を当てはめると面白いと考えた。

最後にフロイトは、間もなく開催される「フロイト心理学会」に二人を招待し、発表してもらいたいと提案した。フロイトはこの時、前年中には視野に入っていなかったハンガリーからの参加者によって、「国際会議」がいっそう国際的なものとなるのを歓迎したのである。

おそらく、その喜びには、純粋な歓待の気持ちだけでなく、政治的な意味もあっただろう。スイスを核として国際的関係が予想を超えて広がったものの、それは喜びとともに一抹の不安をフロイトにもたらしていた。なぜなら、自らの手では実現できなかった展開を実現したのが、ブロイラーという同世代の高名な医師の人脈の力だったからである。(44) その意味で、ブダペストからのメンバーの登場は、自分を核とした精神分析ネットワークがオーストリア・ハプスブルク帝国内に広がることを意味する。フェレンツィが予想した以上の期待がフロイトから寄せられたとしても不思議ではない。

こうして、フェレンツィたちは、フロイトのオフィスを辞した。その帰途、フェレンツィは、来月に予定されているブダペスト医師会での講演と、今急に与えられた、記念すべき第一回フロイト心理学会議での発表について考えた。はじめて訪れた自分が、たった三カ月後にフロイトやユングと並んで発表するのである。フェレンツィの思いには、訪問成功の喜びとともに、急に開けた視界へのめまいが伴っていたのではないか。

ウィーンでは、五月七日に執り行われる予定の、オーストリア皇帝フランツ・ヨーゼフ一世在位六〇周年記念式典の準備が進められていた。そこでは、過去の偉大な国王に扮する貴族たち、ヨーロッパ中に広がる旧家の諸侯、ハプスブルク帝国内部の民族や地域の文化を表す山車などの列、つまりハプスブルク王朝の栄光を象徴する祝賀大行進が行われる予定だった。(45)「不死鳥」と呼ばれるほどの稀に見る長きにわたる治世だが、皇太子フランツ・フェルディナント大公の死という悲劇が襲うまであと六年、自身の死まであと八年を残すのみである。ウィーンの片隅では、フェレンツィがフロイトを訪問してからわずか二週間後の一七日に、一八歳のアドルフ・ヒトラーが郷里のリンツ郊外からウィーンに到着し、画家を目指して貧乏生活を始めた[46]。しかし、ウィーンはこれから半世紀の間に経験する激動をまだ知らない。

注

（1）Fülöp Stein. シュタインのファーストネームのカタカナ表記は、次の文献に従った。『フロイト／ユング往復書簡集　上』W・マグァイア編、平田武靖訳、誠信書房、一九七九年、三一頁。

（2）ジョン・ルカーチ『ブダペストの世紀末――都市と文化の歴史的肖像』早稲田みか訳、白水社、二〇一〇年、七九頁。

（3）『往復書簡1』p. 50.

（4）以後の伝記的記述は主としてStanton, Rachman. Haynalおよび『グロデック書簡』による。特に両親に関しては最後のものが詳しい。

（5）Haynal, p. 1. この移住地を、ガリツィアと記す文献と、ハンガリーと記す文献がある。ハンガリー領域内に属するガリツィアであった可能性が高い。フェレンツィの妹、ゾフィアからの聞き取りなどの情報によるもので、場所を特定することはできない。移住の理由も不明だが、ユダヤ人差別の弱い地域を求めたと推測する人もいる（『グロデック書簡』p. XXV）。

（6）レーオポルト・フォン・ザッハー＝マーゾッホ（Leopold Ritter von Sacher Masoch, 1836–1895）ガリツィアを舞台とした長編小説もあるが、次の短編集には、ガリツィアの風土を背景に、当時の貴族、農民、盗賊、芸術家、神父などの生き様と、背景となるポーランド、ロシア、オーストリアなどの政治的状況が生き生きと描かれている。『ガリチア物語』高木研一訳、桃源社、一九七六年。「あとがき」にはガリツィア概史が記されている。また次の文献は当時の歴史的状況に詳しい。種村季弘『ザッヘル＝マゾッホの世界（平凡社ライブラリー）』平凡社、二〇〇四年。

（7）『ブダペストの世紀末』一四九頁。

（8）同右。

（9）革命時にすでにミシュコルツの革命軍に参加したとする文献もある。Rachman, p. 6. エゲルとミシュコルツは三〇キロほどしか離れておらず、最初エゲルに住んだという情報と矛盾しない。

（10）Michael Heilprin. 名前からしてポーランド系と思われる。

（11）偶然のことながら、一八五六年五月は、フロイトの誕生の月であり、署名の一つの日付は、フロイトの誕生日であるという。『グロデック書簡』p. XXV.

（12）Fortune による推測。

（13）Rachman, 1997, p. 2. 綴りは次の通り。Henrik, Miksa, Zsigmond, Ilona, Mária, Jacob, Gizella, Moritz-Kroli, Vilma, Lajos, Zsófia.

（14）ハンガリー語で y と i の発音は同じである。

（15）英語文献では、英語表記の Bernath と書かれる時もある。英語圏の場合、ベルナスと日本語表記されるのが一般的なようである。ちなみに、外国の人物名をカタカナで表するのは極めて難しい。Baruch をバルークと書いたのも、代表的な読み方に近いカタカナ表記といった程度のもので、これが唯一の発音でも表記でもない。検索すると、他に、バラック、バルーチ、バルーフなども出てくる。さらに、それぞれの「ッ」と「ー」を入れ替えたものもあるし、バールークとバの後を伸ばす例もある。要するに名前の読み方は、地域により民族により様々であり、それをカタカナで表す仕方も複数あり得る。本人に聞くしかないとも言えるが、本人も複数の呼び方に慣れていて、「別にどれでも良い」という答えが返ってくる可能性もある。重要人物で、日本語文献で表記が定まっている場合は良いが、ベルナートのように、初登場となると、手に入る情報の範囲で判断しておくしかない。

(16)　本書第五章参照。

(17)　Sándor Petőfi（1823-1849）

(18)　このエピソードは、フロイトの『日常生活の精神病理』（『フロイト全集』七、一〇四頁）に、言い間違いの例として収録されている。次の文献を参照。Michelle Moreau-Ricaud, The founding of the Budapest school. *Ferenczi's Turn*. p. 41-59.

(19)　Rachman, 1997, p. 6. フェレンツィが医学を学んだ学校、大学については、文献によって記述が異なる。この箇所の記述は、一七歳の一八九〇年から医学を学び始めたという情報（Rachman, p. 6）、一八九三年からウィーンで医学を学んだという情報（Stanton, p. 8）に基づいている。

(20)　Rachman, p. 6.

(21)　フロイトに関する情報は、主として以下の文献による。ピーター・ゲイ『フロイト』1、2　鈴木晶訳、みすず書房、一九九七、二〇〇四年。アンリ・エレンベルガー『無意識の発見　上』木村敏・中井久夫訳、弘文堂、一九八〇年、三〇―三一頁。

(22)　フェレンツィが学んだウィーンの大学を、ウィーン医学校 Wiener Medizinische Schule と書く文献もある。大学に相当する高等専門教育機関（Hochshule）である。ウィーン医学校と中世から続くウィーン大学の関係は時代によって変遷している。二〇世紀を通してウィーン大学の一部に位置付けられてきた医学教育機関は、二〇〇四年にウィーン大学から完全に独立して、現在は、ウィーン医科大学 Medizinische Universität Wien と称する。ウィーン医科大学ホームページ。2017.6.27 https://www.meduniwien.ac.at/web/ueber-uns/geschichte/

(23)　Stanton, p. 8.

(24) Rachman, p. 6-7.

(25) Ferenczi, Actual- and psycho-neuroses in the light of Freud's investigations and psycho-analysis. 1908.『著作集2』p. 30-55.　フェレンツィはフロイトの著作を発表から遅れることなく読んでいたことが、多くの文献に記されている。György Vikár. The Budapest School of Psychoanalysis. *Ferenczi's Turn in Psychoanalysis*. p. 60-76.

(26) このブロイアーとの共著論文は、一八九五年に発行された『ヒステリー研究』の第一章に収録された。

(27) フェレンツィの生涯を扱った文献の多くが、「ありそうもなく人工的」という感想をヒステリー研究にのみ向けられたものとして扱っている。しかし、講演では、ヒステリー研究と性的起源説の両者に対してその感想を向けている。その違いは大きく、詳細に検討する価値があるが、ここでは指摘するにとどめる。

(28)『ヒステリー研究　上』金関猛訳、筑摩書房、二〇〇四年、一六頁。

(29) フェレンツィは、精神分析と催眠暗示の相違を整理し、精神分析の方法を支持することを、一九一二年の講演で述べている。Ferenczi, Suggestion and Psycho-Analysis. 1912.『著作集2』p. 55-68.

(30) Haynal, p. 3.

(31) 以下のブダペストの描写は、次の文献による。Michelle Moreau-Ricaud, The founding of the Budapest School. *Ferenczi's Turn in Psychoanalysis*, p. 41-59.

(32) Miksa Schächter (1859-1917)

(33) Ferenczi, Barátságom Schächter Miksával「ミクサ・シェヒターとの交友」*Gyógyászat*, 31, 1917. Haynalによる。Ferenczi, My friendship with Miksa Schachter. *British Journal of Psychotherapy*, 9 (4), 1993, 430-433.

(34) Rachman, p. 7. De Forest, *The Leaven of Love: A Development of the Psychoanalytic Theory and Technique of* Sándor Ferenczi. Harper & Row, New York, 1954.

(35)『著作集2』p. 61-62.
(36) フェレンツィとオカルティズムの関係については次の文献を参照。Haynal, p. 3-9.
(37) ハンガリー語論文なのでöntudatlanという語が使われており、後のフロイトの「無意識」と対応させて使っているわけではない。同右文献。
(38) Spiritizmus.（心霊術）*Gyógyászat*, 39 (30), 1899, 477-479. Haynalからの引用。
(39) 日本の心理学の礎を築いた元良勇次郎も、心霊現象の存在には否定的だったが、心霊現象を科学的に研究することには熱心だった。以下の文献を参照。小泉晋一「小熊虎之助と変態心理学」竹内瑞穂＋「メタモ研究会」編『〈変態〉二十面相　もうひとつの近代日本精神史』六花出版、五五頁。
(40) Rachman, p. 9-10.
(41)『フロイト／ユング往復書簡集　上』W・マグァイア編、平田武靖訳、誠信書房、一九七九年、八四頁、注。
(42) 一九〇七年一月一〇日付のユングからフェレンツィへの手紙（未公刊）にその事実が記されているとのことなので、それ以前、つまりユングがフロイトを訪問する前のことと思われる。当然、フロイトを訪問する話が出たはずである。『往復書簡1』p. 1. 注。
(43) Haynal, p. 5.
(44) フロイトとブロイラーの「アンビヴァレンツ」な関係については次の文献を参照。ちなみに、あまりにも重要な「アンビヴァレンツ」という用語は、ブロイラーの考案によるものである。Falzeder, Ernst, "The story of an ambivalent relationship: Sigmund Freud and Eugen Bleuler". *The Journal of Analytical Psychology*, 52 (3), 2007, 343-68.
(45) ヒルデ・シュピール『ウィーン　黄金の秋』別宮貞徳訳、原書房、一九九三年、七三―七四頁。
(46) 中島義道『ヒトラーのウィーン』新潮社、二〇一二年、三四頁。

第三章　アメリカ一九〇九——キングメイカー、[1]スタンレー・ホール

ブレーメン

一九〇九年の八月二一日の土曜日、フェレンツィは、ブレーメン港からジョージ・ワシントン号の一等船客室に乗り込んだ。[2]乗客は二四〇〇人、うち五〇〇人が一等船客である。アメリカの初代大統領の名前から、アメリカの船のように見えるが、ブレーメンの北ドイツ・ロイド社（NDL）の製造によるれっきとしたドイツ船である。同年の六月一二日にブレーメン港から処女航海を行ったばかりの塗料のにおいも新しい船だった。アメリカ大統領の名前が付けられたのは、アメリカに移住するドイツ人乗客にアメリカへの夢を抱かせるためだったという。[3]他にも「リンカーン大統領」「アメリカ」「シンシナティ」という名の船があり、珍しいことではなかった。

フェレンツィにとってこれは、アメリカ大陸を訪れるはじめての機会だった。精神分析の創始者、ジークムント・フロイトと、スイスの医師、グスタフ・ユングとの三人旅である。[4]フロイトとユングは、アメリカのクラーク大学で講演を行う予定だった。学長、スタンレー・ホールが、大学創立二〇周年記

図4　ジョージ・ワシントン号

図5　ブレーメン港（1911年）

念事業の一環として二人を招いたのである。フェレンツィが同行することになったのは、フロイトに誘われたからだった。

ドイツのブレーメン港には、この日、寒い雨が降っていた。フロイトは当日の日記に、「いつまでこれが続くのだろうか」と嘆いた。正午に出港した船は、サザンプトンに翌日午後二時に、シェルブールに同日夕刻寄港したあと、大西洋をニューヨークに向けて進んだ。天候は、相変わらず雨、霧、低温が続いた。アメリカに向かって意気揚々と船旅を続けていたと考えたいところだが、フェレンツィの気分は、これから自分が果たす役割を考えて、沈みがちであったろう。実際のところ、このアメリカ旅行のために十分な準備をしてきたとも言い難い。毎日一時間英語を話す時間を作ってきたくらいである[5]。脳裏には、出港直前にブレーメンであった出来事が幾度も浮かんでフェレンツィを不安にさせた。

フェレンツィとフロイトが、ブレーメンで落ち合ったのは、出港前日の八月二〇日である。準備段階では、フロイトが夏休暇を過ごしていたチロルをフェレンツィが訪ね、そこからブレーメンへの旅を共にする案などもあったが、実現しなかった。[6] フロイトは、まだ独り身のフェレンツィを、「休暇中寂しいのでは」と誘っていたのだが、どうやら、フェレンツィは、のちの妻ギゼラと時間を共にしていたらしい。それはともかくとして、二人にとってブレーメンははじめて訪れる町で、さっそく市中を散策した。「ブレーメンの音楽隊[7]」で有名な小都市だが、一九世紀の大平洋交易を背景に、蒸気船の造船などの工業都市として、あるいは商業都市として発展していた。一九世紀末には河川改修によって大型船がブレーメンまで寄港できるようになり、外洋船の起点となっていた。ヨーロッパ大陸からアメリカに渡る多くの人がブレーメンから旅立ったのである。

二人がホテルに戻ると、ユングからはがきが届いていた。ユングが知らせてきた予定では、出発当日の到着になるかもしれないと二人は考えていたが、はがきには一九日夜にブレーメンに着くと書かれていた。それならすでに街にいるはずだがと二人は思い、フェレンツィがいよいよ三人の旅が始まるかと身構えて間もなく、数分後にユングが現れた。三人は握手を交わし、再会を喜んだ。[8]

三人は、早速駅に向かい、荷物を預け、港までのチケットを購入した。ユングだけがブレーメンを知っていたので、二人を案内してカテドラル他の名所を散策した。ブレーメンのカテドラルでは、地下にミイラが保存されていることが話題に出た。

散策後、フロイトは二人を昼食に招待した。食事に誘うのは年長のフロイトとして自然なふるまいであった。しばらく会話がはずみ、ワインがグラスに注がれるころ、フロイトとフェレンツィはユングに禁酒を破ってワインを飲んではどうかと誘いはじめた。ユングの禁酒はすでに二人が知るところだった。アメリカ旅行前の高揚から、この機会に仲間に引き入れようとするのはよくある会話かもしれない。ワイン好きの二人と禁酒中の一人が同席していれば、飲酒の習慣に引き入れたくなるのが酒飲みの心理である。ユングは別に健康上の問題から禁酒していたわけではなかったのでなおさらである。

実のところ、ユングの禁酒は、彼自身の好みによるところというよりは、彼の勤めるブルクヘルツリ病院とその院長、オイゲン・ブロイラーに理由があった。絶対的禁酒主義者のブロイラーは、彼の研究グループにユングを引きこんでいたからである。ブロイラーのもとで自分の地位を高めていくことを目指していたユングにとって、禁酒はブロイラーへの忠誠を示すものだったのである。

だから、飲酒の誘いは、二人にとってもユングにとっても、酒飲みのたわいない冗談というわけでもなかった。享楽的なウィーン、ブダペストの二人からみて、禁欲的なスイスのチューリヒに住み、とくに厳格なブロイラーのもとで禁酒を守るユングに飲酒を勧めることは、自分たちの仲間にユングを引き入れることを意味していた。アメリカへの講演旅行への同行は、フロイトが率いる「精神分析運動」にユングが本格的に足を踏み入れることでもある。「この際ブロイラーの教えなんか破ってしまえ」という感情が芽生えたとしてもおかしくない。大げさにいえば踏み絵のようなものである。

二人から誘われた堅物のユングは、二人が驚いたことに、あるいは期待したとおりに、グラスに注がれたワインを飲みほした。二人はそれを歓迎し、昼食は大いに盛り上がった。その勢いに押されてか、フロイトもそれなりの量のワインでのどを潤した。

二人がユングを飲酒仲間に引き入れようとした背景は、飲酒を巡る思惑だけではない。ブロイラーは、これまでフロイトの学説にいち早く関心を示し、言語連想検査による無意識の研究を部下のユングに勧めるなど、フロイトにとってありがたい存在であった。しかしその一方で、才能あるユングが、同年輩のすでに地位を確立したブロイラーの支配下にあるのは、フロイトから見ておもしろくない面があったはずである。

要するに、フロイトからは、ブロイラーが後ろにいるためにユングが自分の傘下に入れないように見えるのである。その思いは、ユングがはじめてフロイトを訪れた時にすでに始まっていた。

ユング

ユングは、フェレンツィに先んじて、一九〇七年三月三日に初めてウィーンにフロイトを訪れた。そして、二人は意気投合し、その日から強固な協力関係が始まった。しかし、協力関係にブレーキをかける問題があった。それが、フロイトの用いるリビドーという言葉に関する見解の相違であった。性の欲動を意味するその概念を人間精神の中核に置くフロイトの考え方に、ユングは一定の留保を置いていた。その理由の一つが、師事するブロイラーの抵抗であった。

フロイト訪問後しばらくの沈黙の後はじめて書いた三月三一日付の手紙(9)で、ユングはこう書いている。

あなたが「リビドー」にこめた含意でもってブロイラーを啓発しようとして、何回となく議論をくりかえさなければなりませんでした。性にかかわる名称があなたの「リビドー」のように極端な形態に限定されず、もっと耳障りにならない包括的な概念がリビドーをあらわすすべてのかわりにつくりだされなければ、現在支配的な限定づきの性欲概念の視点においては理解できないのではないでしょうか。

ブロイラーに理解してもらうためには、「リビドー」の概念では狭すぎると言っているわけである。しかしそれにしても、「極端な形態」「耳障りにならない」「限定つき」といった言葉を読んだフロイトはどう感じただろうか。自信を持って提出しているリビドー概念を、極端で、耳障りで、限定的だと言われたわけで、強い反発を覚えたとしてもおかしくない。

フロイトは当然これに返す手紙で反論し、「すっぱいリンゴを甘くしてやろうというあなたの努力はその動機において私は評価いたしますけれども、成功するとはとうてい思えません。（中略）抵抗が避けられないのであれば、なぜ最初から抵抗に正面から挑まないのでしょうか。攻撃こそ最大の防御である、と私は思います(10)」と言う。言葉を変えて抵抗を和らげようとしても無駄である、なぜなら内容自体に抵抗を引き起こすものがあるから、とフロイトは言うのである。

フロイトはリビドーを、性的欲動の意味で使う、ユングは、ブロイラーとの板挟みにあったこともあり、より幅広い心的エネルギーとして使いたい。この両立場の緊張は、その後一度も解消されずに続いていた。

その二人の関係の中に、一九〇八年からフェレンツィが入ってきた。もちろん、ベルリンのカール・アブラハムや、ロンドンのアーネスト・ジョーンズなど、他にもフロイトに傾倒する学者たちが登場していた。しかし、フロイトから見て、ユングとフェレンツィが特に秀でた後継者の候補であった。フェレンツィは自分の理論を素直に吸収し、さらにはまさに展開して欲しい方向にそれを展開しようとしている。フェレンツィが後継者になってくれればいいのかもしれない。しかし、ユングは、その学識、見識と、スイスという国の性格、そして何より彼がユダヤ人ではなく、ドイツ系のアーリア民族に出自を持つことから、国際的展開に欠かせない人材である。フロイトは、精神分析がユダヤ性と結びつけられるのを嫌っていた。彼を完全にこちら側に招き入れること、それが精神分析の未来にとって重要であった。

フェレンツィはこのフロイトの思いをよく理解していた。ただ、ユングとはフロイトの後継者としてのライバル関係にあり、対抗心もあった。一九〇八年にフロイトと会ってからこの時までの約一年半、フェレンツィは、フロイトの学説を吸収し、自分が貢献できる形を探ってきた。そして、重要な貢献を実際してきたつもりだったろう。しかし、フロイトがアメリカから招聘された時、もう一人の高名な心理学者として講演を依頼されたのはユングであって、自分ではなかった。

業績という意味で、自分がユングに一歩譲ることは確かに否定できなかった。ユングはフロイトに出会うまでに、フロイトの理論を取り入れながら「言語連想検査」の研究を進め、すでに多くの論文を発表していた。それらをまとめた著作『診断学的連想研究』をフロイトに送ったころには、フロイトはすでにユングの仕事に注目していて、二人の交流がすぐ始まった。『早発性痴呆の心理』[11]『診断学的連想研究』[12]に収録されている諸論文は、すでにアメリカ訪問の前に書かれていた。アメリカに招待されたのも、すでに精神分析家の一人としてその名が知られていたからである。

それに比べると、自分の貢献がまだ国際的に精神分析を代表するまでに至っていないことをフェレンツィは自覚していた。この講演旅行中の自分の役割は、フロイトのサポートであり、二人の緊張関係の緩和であった。ここでフロイトと一緒にユングに飲酒を誘うのも、気分の盛り上がりからだけでなく、それが緊張の解消に貢献することを願うからでもあったはずである。

ブレーメンへ一人向かう途上で、ユングと落ち合うことを考えながら、フェレンツィの脳裏には、ここ一年半の自分の貢献が浮かんでいたかもしれない。短い期間のことで、確かに、論文数、あるいはまとまった著作の出版といった部分で、まだまだユングに匹敵するものではなかった。しかし、その意義という点では見劣りするものではないという自負もあった。それに、フロイトとの関係では、自分の方がずっと確かな信頼関係を築いている自信があった。フロイトから、私の思想のもっともふさわしい相続人だと直接言われたこともあった。[13]

最初の貢献

フェレンツィがフロイトを初めて訪れたとき、フロイトは、フェレンツィの才能にすぐ気付き、同年五月に開催予定の「第一回フロイト心理学会議」での発表を勧めた。この急な依頼に応えて彼が選んだ演題は、「精神分析とペダゴジー（ドイツ語ではペダゴギーク）」であった。「ペダゴギーク Pädagogik」は、英語版では education（教育）と訳されている。日本語では「教育学」と訳される場合があるが、字面からだけだと誤解を呼ぶかもしれない。それは、教育という言葉がどうしても学校教育中心に捉えられてしまうからである。ペダゴジーは、教育と養育を包み込む概念だが、教科教育は含まれない。つまり、子育てと人間教育全般を表す概念である。

フェレンツィはこの発表で、現実に行われている子育ては、その最も好ましいものでさえ、子どもの発達を阻害する部分があると述べ、精神分析によってより良い子育てを実現することができると提言した。子育てに精神分析的知見を生かす後の実践を予見するアイデアだった。[14] また、彼が精神分析に出会う前から持っていた社会改革への情熱がこの主題につながっている。つまり、対症療法ではなく、子育ての改善によって根源的に社会悪を断つことができると考えたのである。

「フロイト心理学会議」では、国際学会の設立構想が話し合われたが、設立に先立ってまず国際学術雑誌『精神分析および精神病理学研究のための年報』を発行することになった。そしてユングが編集者、フロイトとブロイラーが発行者となることになった。そしてその雑誌の第一号に、フェレンツィもさっそく寄稿することになった。

寄稿者の一人に決まった時、フェレンツィはその仕事の重要性に気持ちが引き締まったことだろう。なにしろ、記念すべき第一号である。今までの講演のようなフロイト理論の紹介[15]では意味がない。精神分析に関するオリジナルな研究論文でなければならない。そこに自分は何を書けるのか。フェレンツィはフロイトの著作や学会に集まった分析家たちの論文を再読し、構想を練った。議論の基盤は、自身の臨床経験に置かねばならない。彼は、今までの精神医療実践で行ってきた、統合失調症やパラノイア、あるいは神経症の患者たちの治療経験をあらためて振り返った。フロイト理論の基本概念となっており、自身その意義を深く信じる「転移」の観点からそれらを理解しなおしてみた。

そして、神経症患者に常に見られる一つの心的メカニズムに気づいたのである。それは、外界の対象を模倣するヒステリー患者に典型的に見られる、外界のものを心的世界の一部に取り入れる働きである。この発想を吟味して、その重要性を確信したフェレンツィは、これをオリジナルな概念として提出する論文を書くことにした。概念名はすぐに決まったであろう。すでにフロイトが用いていたプロジェクト（投影）と対照させた、イントロジェクト（取り入れ・摂取）である。そして、講演原稿のような、ある意味彼の得意な語りかける文体ではなく、科学的論文のスタイルで、説得的にこの概念を提出する議論を展開した。苦労して書き上げた論文は、つい六月初めに『年報』編集局に送ったところである[16]。

この論文によって、投影や転移などと並んで、その後の精神分析で最もよく使われる用語の一つが生まれた。この貢献の意味は、単なる一つの用語の提案にとどまらない。「取り入れ」の概念は、無意識過程も含めた人格のなかに、外界起源のものがあるという見方を確立した。対象関係論と呼ばれる第二次世界大戦後の理論展開を準備する大きな一歩である。フェレンツィは、これを書いてはじめて、自分が精神分析の世界でオリジナルな学術的貢献ができる手応えを得た。

学術的貢献だけではない。私的交友関係を振り返っても、フェレンツィは、自分が最もフロイトと親しく接していることを疑わなかった。学会でフロイトの信頼を得たフェレンツィは、同年夏、フロイトに誘われ、七月一五日から三〇日まで、フロイトの家族とともに休暇を過ごした。滞在場所は、ベルヒテスガーデン近くのディードフェルト・ホーフだった。ベルヒテスガーデンといえば、のちにヒトラーの別荘が山頂に立てられたことで有名だが、それはまだ先の話である。ザルツブルク近郊の、オーストリア―ドイツ国境地域の山に囲まれた風光明美な土地である。休暇に誘われるということは、「家族ぐるみ」の付き合いに二人が入ったことを意味する。

ただ、フロイトとの関係には、のちの困難の火種がすでに潜んでいた。フェレンツィは、才気煥発で、行動力あふれ、人好きのする魅力あふれる人物だったが、フロイトに対していささか過剰な思慕を向けていた。まだ知りあって間もないその休暇中、彼は、フロイトの言葉に耳をそばたて、そのすべてを理解し、最も良き理解者であろうとし続けた。それはまるで、自分のことをほめてくれる先生を見つけた幼い子どものような感情だった。少しでもフロイトの気に入る賢い議論を展開して、「喝采をあびたい」という思いが彼の中からわきあがっていた。逆に少しでも無視されると、がっくりと落ち込んだ。フロイトから見れば、かわいい追従者であり、フェレンツィに自分の発想を伝えれば彼が自分の望む方向にそれを補ってくれ、心地よく発想を展開することができた。フロイトは、フェレンツィを自らの仕事のもっともふさわしい相続人と認めるようになっていた。

事件

フェレンツィにとって、ブレーメンに始まるこの旅は、自分の今後の役割を確認する機会であった。自分がどれほどの貢献をこれからできるのか。フロイトとユングの緩衝役として果たしてどれほどの役割を果たせるのか、何よりまずはフロイトの講演旅行を成功に導かねばならない。アメリカ訪問はもちろん自分も初めてである。アメリカという新世界は、一体どのような顔を見せるのだろうか。あるいは精神分析のアメリカへの展開の中でも貢献できるかもしれない。こうした緊張や不安は、三人が共有する出発前の高揚やユングの禁酒破りによる盛り上がりのなかでようやくかき消されていった。三人の前祝いは順調に盛り上がっていたように見えた。

事件はしばらく後に起こった。まだ食事が終わらないうちに、フロイトが急に意識を失ったのである。ユングもフェレンツィも医師である。フロイトの失神が深刻な事態ではないことを見て取ると、フェレンツィも手伝ってユングがフロイトを寝椅子に運んで、大過ないことを確かめた。二人はしかたなくフロイト抜きで残りの食事をすませ、フロイトの招待だったはずの食事代は、結局二人で払うことになった。なんともしまらない前祝いとなってしまった。

この事件について、ユングとフロイトの解釈は食い違っている。ユングの自伝(17)によれば、フロイトが失神したのは、昼食中に自分がブレーメン郊外の先史時代の遺跡発掘の話をし続けたからである。フロイトがそれを自分の死を願っているというメッセージと受け取ったために失神したとユングは考えた。

しかし、フロイトは、「ワインのペースが速すぎたためか前夜の寝不足のためか、サーモンを食べている最中に汗を催すとともに、気が遠くなった[18]」と日記に記すのみで、会話の内容については触れていない。

ブレーメンを出発した船は、ヨーロッパ大陸から離れ、アメリカ大陸へ向かっていた。空は相変わらず暗く、期待した快適な船旅は望めないようだった。船上でもフェレンツィは、ブレーメンの事件を思い出し、緩衝剤としての自分の役割が一筋縄ではいかないことを感じていただろう。もうひとつの彼の役割、つまりフロイトの講演準備はまだ手付かずであった。実は、フロイトは、「アメリカのことで頭が一杯です[19]」と手紙に書くほどアメリカ旅行に興奮したものの、他の仕事に忙しく、講演原稿を用意していなかった。それどころか、手に入れたアメリカ関係の本を読むこともせず「予備知識を持たず、素直に驚きたいのです[20]」と言っていた。あらかじめ考えた計画と言えば、ナイアガラに行きたいことぐらいだった。あとは現地で案内役を務めてくれるはずのブリル[21]にお任せであった。フロイトの気分は相変わらず憂鬱で、またアメリカについてその土地の空気を吸ってみないと、何を話せば良いかも判断がつかないのが実際だった。

二四日の火曜に、フェレンツィの面前で、ちょっとした出来事があった。三人が船のデッキにいるとき、フロイトが知るスターン教授という学者がユングを呼び止めて、自己紹介を始めた。彼はフロイトの仕事を非科学的と批判していた学者で、やはりホールに招待されて講義するためにアメリカに向かっていたのである。フェレンツィたちに背を向けたユングと彼の立ち話しはなかなか終わりそうになかった。二人はしばらくそれを見ていたが、フロイトが突然ユングに呼びかけた。「さて博士、いったいいつその話を終わるのかね[22]」と。フェレンツィは、その言葉にフロイトの苛立ちを感じ取ったであろう。自分に批判的なスターンと長々話しているユングを見て、ブレーメンからのフロイトの苛立ちが募ったとしても不思議はない。

三人を乗せた船は九月二九日、無事ニューヨークに到着した。ニューヨークの波止場には、予定通りブリルが出迎えた。ブリルは、ホールから三人の接待役を依頼されていたのである。

ブリルは、奇しくも、フェレンツィの父バルークが若い日を過ごしたガリツィア地方で生まれたが、無学で権威的な父と、ラビにならせようとする母親から逃走して、単身一五歳でアメリカにわたった。赤貧生活と苦学を経て医師となった後、精神医学を学ぶために一九〇七年までスイス、ブルクヘルツリ病院に滞在する間にオイゲン・ブロイラーやユングからフロイトについて学んだ。精神分析こそが天職であると信じた彼は、帰国後も精神分析を徹底的に学んできたのである。もしかすると精神分析が両親との関係を理解するのを助けたことが、彼が精神分析の研究に邁進した理由かもしれない。

それにしても、滞在の間、ブリルとフェレンツィの間でブリルの故郷ガリツィア地方が話題に上ったのだろうか。次のような会話があったと空想してみると面白い。

「君は、ガリツィアの出身だったね。僕の親父はクラクフ生まれで、子どもの頃ガリツィアに住んでいたんだ。ガリツィアのことはよく聞いたよ。あの革命の時にハンガリーに移ったんだよ。」

「ガリツィアのことはあまり思い出したくないんだ。しかし君のお父さんはクラクフを出るときに僕の故郷あたりを通ったかもしれない。カンチュガというところだけど、小さな村だから知らないだろう。」

「カンツィガは知らないけど、それは十分あり得るね。しかし、ブリル君、君はなぜそこまでしてアメリカに渡ったの。ガリツィアがいやならブダペストに来ればよかったのに。」

「お父さんは革命の波に乗ってハンガリーに移ったんだろうが、僕の世代だと片田舎からブダペストに出るのに魅力はなかった。ミシュコルツの立派な書店の息子の君にはわからないだろう。家族からも宗教からも自由になるためには新世界に移るしかなかったんだ。それに当時アメリカ大陸に移った人は多かったし、そんなに珍しいことではないよ。[23] アメリカだからこそ僕はチャンスをつかむことができたんだ。」

この対話は架空のものだが、ブリルとフェレンツィの間に、ユングやフロイトにはわからない感情のやり取りがあったとしても不思議ではない。

一行は、ニューヨークに一週間滞在し、忙しく観光した。フェレンツィはのちに、フロイトと散歩したセントラルパークの印象を書いている。[24] 新世界のアメリカ、最も近代的なニューヨーク、中央に広がる美しい公園、その中の立派なトイレの中で、大理石に書かれたわいせつな言葉の落書きを見つけたのである。フェレンツィは、近代化が進んでも人間の下部構造は旧世界と変わらないことに印象付けられた。

ニューヨークに着いてしばらくすると、三人とも消化不良を起こした。まずフェレンツィが食べられなくなり、次にユングが、そしてフロイトがと、毎日誰かが食べられなくなった。慣れない食事と共に、三人ともいささか疲れていたのかもしれない。

観光では、劇場、チャイナタウン、ユダヤ人ゲットーなども訪れた。コニー・アイランドでフロイトは初めて映画というものを観た(25)。

九月二日の木曜に、ブリルは勤めていたコロンビア大学の精神科クリニックに三人を案内した(26)。コロンビア大学は、ハドソン川からほど近くに位置している。ブリルと三人が、リヴァーサイド・ドライブからハドソン川の岸壁を眺めている時、一つの事件が起こった。フロイトが失禁してしまったのである。ユングはこの出来事から、排尿の象徴的意味を考え、フロイトに分析が必要と考えて、自分が分析することを提案する。しかし、このアメリカ滞在中に試みた分析は、フロイトがある地点で「権威を失墜させることはできない」という理由で連想を拒否したことで、中断する。フロイトへの信頼を失わせたとユングがのちに言っているエピソードである。フェレンツィは、フロイトとユングの緊張関係が並大抵のものではないことをひしひしと感じた。それとともに、フロイトに意外な弱さがあることをどこかで感じた。彼らのニューヨーク滞在には、なにかと下半身がうごめくのだった。

四日の土曜には、当時カナダのトロントで働いていたアーネスト・ジョーンズ(27)が合流し、ブリルも合わせて五人となった一行は、その夜、夜行船でマサチューセッツのフォールリバーまで旅をし、翌日日曜に鉄路でボストンを経由して、講演の地、ウースターに到着した。

大変なスケジュールである。到着すると疲れ果てた三人は、ホテルにチェックインし、しばらく休んだ後、夕刻六時にホールの家の夕食に招待された。家と言っても、大学が提供している学長宿舎である(28)。大きな書斎だけでなく、セミナー室も持っており、ホールは月曜の夜遅くまでこのセミナー室で学生たちと時間を過ごすのが習慣だった。フロイトとユングは、ホテルに一泊したが、日が空けた月曜からはホールの家に宿泊することになっており、またもや移動となった。フェレンツィとジョーンズだけはホテル住まいである。講演者と付き添いで待遇が違うのもやむをえないだろう。落ち着いた大学の環境に包まれ、ようやく人心地ついたと思えば、フロイトの講演は翌日火曜から、ユングの講演はその二日後に迫っていた。

スタンレー・ホール

フロイトとユングを招待したスタンレー・ホールにとって、この講演は深い思い入れのある企画であった。しかし、ホールはそもそもなぜフロイトに白羽の矢を立てたのだろうか。ホールの経歴を少しひも解いてみよう。

ホールは、哲学をはじめ学んだあと、心理学に関心を持った。といっても、専攻を変えたという表現は当てはまらないだろう。なぜなら、心理学はホールが学び始めたころは哲学の一部だったからである。ホールは、精神物理学という学問を当時推進していた、ドイツ、ライプツィヒのヴント(29)のもとで学びたいと考えた。しかしたまたまハーバード大学の職が見つかったことから、一旦は留学をあきらめることになった。ハーバード大学には、偉大な哲学者、心理学者の、ウィリアム・ジェイムズ(30)がいた。第一章に登場したミュンスターバーグをハーバードに呼んだのもジェイムズだった。ハーバード大学を中心として、ボストンおよびその周辺は心理学研究の最も盛んな地域となっていた。ホールは、ウィリアム・ジェイムズから哲学と心理学をさらに学びながら、一八七八年に同大学でアメリカ初の心理学博士号を取得し、ようやくかねての夢を実現して、ヴントのいるライプツィヒ大学に留学することができた。ヴントは哲学科の中に初めて実験的方法を持ち込んだ学者で、世界初の心理学実験室を一八七九年に開設した。ホールがヴントのもとにいる間に、実験室が開設されたのである。

アメリカに帰国したホールは、ジョンズ・ホプキンス大学に職を得て、一八八三年にアメリカ初の心理学実験室を開設した。日本初の心理学者と言われ、東大教授として心理学の発展に貢献した元良勇次郎がこの時代のホールのもとで学んでいる。留学するまで元良もホールのように哲学を志していたが、ホールとの出会いから心理学に専攻を移したのである。一八八八年に博士号を取得して帰国、一八九〇年から東京帝国大学教授として、日本における心理学の基礎を築いた。ヴントが実験室を開設してたった一〇年ほどで、ホールを介して日本に実験心理学が到達したことになる。元良の存在はフロイトの講演旅行と日本をつなぐ接点にもなるのだが、その点には後で触れよう。

ホールは、アメリカに心理学を確立するために絶大な力を発揮し、[31] 一八八七年には『アメリカ心理学雑誌』を創刊、一八九二年にはアメリカ心理学会を設立して初代会長となった。この間、一八八八年に、新しく設立されたクラーク大学に迎えられ、初代総長となっていた。

「新奇な思想を熱烈に擁護し宣伝することに人生をかけていた」[32] ホールは、クラーク大学が新しい学問の発展に寄与するために精力を注ぎ、ヨーロッパの潮流の紹介に努めた。フロイトの名を知ったのは、一八九九年に、ブロイラーの前任、オーギュスト・フォレルをスイスから招聘したときの講演からだったので、その関心歴は古かった。一九〇四年に出版した『思春期』のなかではフロイトの性欲説を高く評価し、一部の心理学者から批判も受けていた。しかし、フロイトの学説はホールにとってまさに価値ある「新奇な思想」であり、フロイトの招聘は、「我が国における本分野の研究史に一時代を画すものとなる」[33] 確信があったのである。

実は、この大会に招聘するヨーロッパの心理学者を考えた時、ホールは、まずはヴントを考えた。すべての心理学者にとっての父、ヴントを招くことは、彼の夢であった。それに加えてフロイトの招聘を考えていたのである。そして実際、二人に同日付で招待状を送った。ところが、ヴントは、もはや高齢で旅が負担であること、ライプツィヒ大学の開学五百年行事が近い時期にあることからこの招待を断ってしまった。

そしてさらに悪いことに、フロイトからも断りの手紙が返ってきた。七月に長期旅行に出ると患者の治療に支障をきたすというのがその理由だった。ただ、アメリカ招聘に決して魅力がなかったわけではなく、「この障害を取り除く方法はないでしょうか」とホールに問いかけていた。ヴントに断られ、フロイトからも断りの手紙を受けたホールは、あわてたであろう。さっそく対策を講じ、式典自体をフロイトの診療に支障が少ない九月にずらし、報酬を最初ヴントに提供しようとした額まで跳ね上げ、さらには名誉博士号授与の提案までつけて改めて招聘状をフロイトに送った。これをフロイトが受けたことから今回の講演旅行が実現したのである。このいきさつを考えても、フロイトの連続講義はホールにとって是が非でも成功に導かねばならないものだった。

ホールから手厚いもてなしを受けたあと、いよいよ講演の日がやってきた。開学一〇年を記念する大きな学術大会の一部だったので、毎日様々の講義やシンポジウムが開催され、その様子は、講演の要旨も含めて新聞上に報道されていった。フロイトの講義は、七日火曜から一一日土曜までの五日間、毎日一一時から組まれていた。会場は、初めの二回は中央棟のホールで、残りの三回は絵画や彫像が陳列されている図書館の美術室である。

さまざまの分野の聴衆が参加することを考えると、精神分析という治療技法と心理学理論の全容を、その要点に絞って、非専門家にできるだけわかりやすく伝えなければならない。しかし、到着後の忙しい日程では、講演内容を検討する時間はないままだった。フロイトは講義前に、フェレンツィと大学の建物の周辺を散歩しながら、「今日は何を話したらいいか」と助言を求め、フェレンツィがアイデアを出し、それをメモしたものを持って三〇分後にドイツ語で講演を行った。

後年フロイトは、「こうして彼（フェレンツィ）は、私の五講演の著作権を共有しているのです」と述べている。[34] フロイトの意図をくみ取り、同一化して、「フロイトの代理自我として[35]」まるでフロイトが考えるかのように考えることがフェレンツィにはできた。またそのように最大限努力してフロイトに貢献することが、フェレンツィの喜びだった。

ウィリアム・ジェイムズ

講演の準備でフロイトがひとつ意識していたのは、ウィリアム・ジェイムズの聴講であった。アメリカの聴衆を見下していないとは言えないフロイトも、アメリカを代表する心理学者、ジェイムズの聴講を意識しないわけにはいかなかった。ホールから参加を求められたジェイムズは、連続講義のほとんどに参加する意向を伝えていたのだが、直前になって、金曜しか参加できないことになった。それを知ったフロイトは、急遽夢理論の部分を金曜に移すことにした。[36]

ジェイムズは聴講前日の木曜夕に、ホールの宿舎に到着した。ジェイムズが現れた時、宿舎にはフロイトとユングもいた。[37] ジェイムズは、出版されたばかりの論文、「パイパー夫人のホジソン憑依についての報告」をホールのために持参する予定で、到着してしばらくするとポケットから出してホールに手渡した。タイトルに見る通り心霊術を扱った論文である。レオノア・パイパー夫人は、ジェイムズが長く関心を持って降霊術を観察してきた霊媒だった。この論文は、パイパー夫人の降霊術によって、すでに亡くなったホジソンという心霊協会のメンバーが降霊した現象について書いたものである。客人たちは、この論文をジェイムズが持ってくることをホールから聞いていたので、背景の事情を知っていただろう。実は、心霊術に関してジェイムズとホールは立場を異にしていたのである。

簡単に言えば、ジェイムズが心霊現象に若い頃から深い関心を持っていたのに対し、ホールは、心霊現象を科学的心理学の対象から排除する立場だった。ホールが育った田舎は、心霊術者に満ちていて、若い日のホールは、霊媒を訪ねて歩いたこともあった。しかし、ヴントに学んで以来、姿勢を変え、むしろそれが心霊現象ではないことを実験的に示すことに関心を持っていた。(38) 彼は、「アメリカ心霊研究協会」が一八八四年に設立されたときそのメンバーに加わったが、協会が心霊現象があることを前提に活動することを知ってすぐに離れていた。ホールとジェイムズは友情を保ったものの、この問題に関してはずっと平行線をたどってきたのである。

降霊術の問題に加えて、ジェイムズ周辺ではこの時期、もう一つの重要な、フロイトの講義と関係がないわけではないいさかいが発生していた。エマニュエル運動という宗教運動に関する問題である。(39) エマニュエル運動とは、つい三年前にボストンのエマニュエル教会から起こった宗教的―心理学的な治療運動だった。その創始者、エルウッド・ウースターは、ヴントに学んだこともある心理学者であり、かつ神父であった。ボストンを中心とする地域は、ジェイムズ、ミュンスターバーグなどの存在もあって、実践的心理学への関心が高い地域である。エマニュエル運動は、(40) 宗教実践に新しい学問である心理療法を取り入れたものであり、ジェイムズや、高名な神経学者パトナムの支持を得て、運動を拡大していた。

ところが、科学的心理学の範囲で心理療法を確立しようとしていた心理学者たちは、心理療法を宗教から切り離したいと考えていた。そうした人々からすれば、高名な心理学者ジェイムズがこの運動を支持していることが問題だったのである。実際、ヴィトマーという心理学者が、前年末から年頭にかけて、「心の癒しとエマニュエル運動」という連載を心理学雑誌に掲載し[41]、ジェイムズの運動支持を公然と批判した。学者としてのジェイムズの業績を十分評価しながらも、実験心理学者であるヴントやホールと違って、ジェイムズは科学者ではない。職業的権威によって近代的オカルティズムを推進することは批判されるべきだと書いたのである。

ジェイムズにとっては、彼が『宗教的経験の諸相[42]』に著した通り、科学より宗教が上位にあり、宗教的な治療実践は当然認められるべきものだった。その意味で、フロイトが宗教に向ける憎悪は受け入れ難かった。そんな背景の中で、ジェイムズは、フロイトが「どんな人物か見るために[43]」講義に参加したのである。

聴講を翌日に控えたこの夜、ホールとジェイムズは、降霊術に関するそれぞれの主張を交わしながら、フロイトから「宗教」、「心霊学」などへの発言を引き出そうとしていた。フロイトは、うかつに発言できないことを感じて、控えめな関心を表すに止めるのだった。

一〇日金曜は、朝九時からユングの講義、一一時からフロイトの講義があり、ジェイムズは両方に出席した。おそらくジェイムズの出席に合わせてであろう、フロイトの講義後に図書館前で参加者の記念撮影が行われた。フェレンツィは、中央やや左、フロイトとホールの後ろに立つジョーンズの後ろに立った。フロイトの付き添いという立場からすれば当然であろうが、聴衆の一人に溶け込んでいる。最前列の右から三人目で記念写真に収まったジェイムズは、他の人と違ってコートを手にかけたままである。記念写真にかしこまっている他の人々と比べて力が抜けているように感じられなくもない。

図６　図書館前の記念写真　1909年９月10日

ところでこの写真をよく見ると、二人の東洋人が写っているのがわかる。講義に出席した二人の日本人、生物学を研究していた神田左京と、心理学専攻の蛎瀬《かきせ》彦蔵(44)である。二人とも、東京大学心理学教授、元良《もとら》勇次郎(45)の元で学んだのちホールの元に留学していた。ホールの指導で博士号を取得した元良は、教え子を次々と留学させていたのである。記念講義の時期と留学期間が偶然重なった二人は、フロイト、ユング、フェレンツィに最初に接した日本人となった。フェレンツィに会った日本人は、彼らだけである可能性が高い(46)。蛎瀬は、二列目の左から三人目で写真に収まった。左には神田がいた。カメラを見る蛎瀬の視界には、すぐ右下に立つ長身のユングの後ろ頭が見えていた。

蛎瀬が学んだ東京大学の心理学教室には、元良教授の下に助教授の福来友吉がいた。福来は、催眠心理学の専門家で、ジェイムズに深い関心を持ち、ジェイムズの著作の翻訳もしていた。福来の講義や指導を通して、蛎瀬はジェイムズ心理学や催眠の知識を学んでいたはずである。催眠から自由連想に移行した画期的な心理療法をフロイトが講じ、ジェイムズが同席するこの歴史的瞬間に居合わせることは、日本を出発する時には考えもしなかったことである。蛎瀬の心は弾んだことだろう。

帰国後の一九一一年に蛎瀬は、「精神分析」に関する講演を東京大学で行い、フロイトの講義に直接接した者として、その理論を紹介した。公の場で精神分析を紹介する日本で初めての機会である。おそらく講演準備の間、フロイトの連続講義やこの日のことを何度も思い出したに違いない。

ただ、蛎瀬がその後、精神分析をさらに学び実践したかと言えば、そうではない。実は蛎瀬の留学中に、東京大学では福来助教授をめぐり大変なスキャンダルが発生していた。福来が一九一〇年から、「透視」などの超常現象の研究にのめり込んでいったのである。心理学者が超常現象に関心を持つこと自体は、当時世界的な現象であって決してめずらしいことではない。彼は、この年、御船千鶴子、長尾郁子という二人の「千里眼」女性を見出し、透視実験を行ったのだが、はじめはむしろセンセーショナルな注目を浴びた。ところが、東京で高名な学者たちの前で行った実験で、実験手続きに不正があるという激しい批判を受けた。そしてその収拾もできていない一九一一年初めに、二人の千里眼女性が、それぞれ自殺、インフルエンザで相次いで急死した。これがさらに福来への批判を強め、彼は、ますます学界と大学で孤立することになった。このいわゆる福来事件は、心理学研究から、超常現象はもちろん、福来の専門であった催眠など無意識を扱う領域全般を排除する結果を生んだ。蛎瀬が触れた精神分析も大学から排除された。アメリカではホールやパトナムの力で同時期に精神分析の受容が進んだことを考えると、この事件がなければ歴史が全く違うものになったのでは、と思わざるをえない。その影響が、精神分析のみならず、臨床心理学、心理療法全般に及んだことを考えれば、なおさらである[47]。今から振り返ると、元良がホールと同じ役割を果たせば、心霊術を排しながら精神分析を支持することもあり得、実際元良はそのような幅広い関心を持っていたのだが、悪いことに、元良はまもなくカリエスを発症し、一九一二年に亡くなってしまった[48]。

福来の元で学んでいた蛎瀬は、せっかくホールの元で学んだ学識を生かす道を断たれ、学問の道を諦めたようである。記念写真に収まった時の蛎瀬は、もしかすると、生涯で最も希望に満ちた瞬間を体験したのかもしれない。

蛎瀬の後輩で、この連続講義の後にホールの元に留学した久保良英も、ホールの影響を受けて精神分析に関心を持った。彼は帰国後も精神分析への関心を絶やすことなく、ホールの専門分野である「児童心理学」を研究しながら、一九二五年に『精神分析法』[49]を出版した。「当時この学に関する唯一の単行本」[50]であった。久保は、「私が最初精神分析学に興味を有したのは実にスタンレー・ホール先生のたまものである」[51]と記している。久保は、フロイト‐ホールの系譜から精神分析を学んだ最後の世代となった。

心霊術をめぐって

写真撮影が終わり、ジェイムズは午後のシンポジウムにも参加した。ジェイムズの日程はこれで終わった。帰宅のために駅に向かうジェイムズは、一緒に歩きませんかとフロイトを誘った[52]。前日に到着して以来、二人きりで話す機会がなかったため、最後のチャンスと考えたのである。駅までの道で、ジェイムズは狭心症発作を起こし、フロイトにカバンを手渡しながら、「先に行ってくれ、狭心症の発作が起きそうな感じがするんだ。発作が治まったらすぐに追いつくから」と言った。フロイトはのちに、「そのとき以来、人生の終わりが近づいたときには、あのときの彼と同じような恐れを知らない態度を取りたいとつねづね思っている[53]」と記している。フロイトは、ジェイムズに偉大な人格を見出したのである。しかし、ジェイムズ側から見たフロイトの印象は好ましいものではなかった。この「散歩」の間に、ジェイムズは宗教的心理療法について何かを語り、フロイトが返した思わしくない言葉を聞いた可能性がある。さらに翌一一日の新聞に、フロイトが宗教的心理療法についてインタビューに答えた内容が掲載された。新聞社もボストン界隈で騒がれているこの問題にフロイトが何と言うか注目していたのである。その内容を受けて、ジェイムズはフルールノア[54]への手紙にこう書いている[55]。

> 会議を報じるある新聞によると、フロイトはアメリカの宗教的治療を（見事な成果を挙げているのに）非難し、ひどく「非科学的」で極めて「危険だ」と言ったそうだ。ばかな！

おそらく散歩の間の会話からの印象も手伝ってであろう、ジェイムズは、フロイトから自説に固執する人物という印象を受け、失望した[56]。ただ、精神分析の価値を否定することはなく、中庸の立場から支持することをやめなかった。ジェイムズが亡くなったのは翌年の八月である。

最後の講義を翌日に残したこの日の夜、フェレンツィは、フロイトとユングの法学名誉博士号の授与式に参加した。フェレンツィには、フロイトが感涙の涙を浮かべているのが見えた。フロイトものちに、アメリカで受けた栄誉は、精神分析が公に受け入れられた初めての経験だったと、その喜びを述懐している。しかし、フェレンツィは、この振る舞いと矛盾した言葉をフロイトから聞いていた。「アメリカ人のことをこんなに軽蔑しているのだから、アメリカ人から顕彰されてどうして喜べるだろうか」[57]と。フロイトがアメリカに対して強いアンビヴァレンスの感情を抱いているのをフェレンツィは感じ取った。はじめて会って以来、フェレンツィにとってフロイトは一つの偶像になっていた。しかしこのアメリカ旅行では、解決できていない心的問題をフロイトも抱えていることに、いくつもの局面で気づかされた。この授与式もその一つである。ただ彼にはまだ、その問題が自分にとってどれほどの意味を持つものかまだ見えていなかった。

今まで見てきたように、ホールの宿舎での滞在は、表向きにフロイトとユングの講義が進みながら、裏側では、「宗教」や「心霊術」と心理学のせめぎ合いが続いていた。ホールは、心霊現象を信じていなかったが、霊媒の心理の研究には関心を持っていた。霊媒を対象とする若い心理学者の指導をこの時期熱心にしていたくらいである。ホールは、ヨーロッパからの客人が霊媒をどのように理解するかを知る格好のチャンスと考えた。そこで、連続講義が終わった最後の夜に、霊能力があると思われていた若い女性を宿舎に招き、客人の前で実験を試みた[58]。ジェイムズも研究したことのある女性だった。ジェイムズ滞在中の議論やこの霊媒実験はホールの宿舎で行われたので、ホテルに滞在していたフェレンツィとジョーンズが参加したのかどうか不明である。参加者の手紙等には、フロイトとユングの名は登場するものの、フェレンツィの名は記されていない。この旅行の主役はあくまでフロイトとユングであったので致し方ないところである。しかし、心霊術に元々関心の強いフェレンツィがこの話を聞いて同席しないはずがないし、ホールがそれを断る理由もないであろう。フェレンツィにとって、若い頃から関心のある心霊現象をめぐって真剣な議論が交わされている状況は、極めて刺激的だったに違いない。ただし、フロイトもユングも、抑圧された性的ファンタジーの発現とみなして、霊能力を認めることはなかった。

ウースターでの予定を終えると、フェレンツィたちはフロイトの希望通りナイアガラを観光した。そしてそのあと、アメリカ滞在を最後に飾るもう一つのイベントが彼らを待っていた。それは、アディロンダック山地にあるジェイムズ・ジャクソン・パトナムのキャンプへの招待である。パトナムは、ハーバード大学の神経学教授で、ジェイムズの古い友人だった。早い段階でフロイトの精神分析治療の効果を認めた人物でもある。アディロンダック山地は、ニューヨーク州にあるなだらかな山地で、ナイアガラからニューヨークに引き返す方向に広がっている。冬季オリンピックが二回開催されたレーク・プラシッドはこの山地の中にあり、周辺地域や、ニューヨーク、ボストンの人々の保養地として有名であった。パトナム・キャンプとは、彼がこの山地に所有していた、コテージなど一一もの建物からなる保養地である。そもそも最初はジェイムズと共同で設立した施設で、かつてジェイムズが心霊協会のホジソンとともにパイパー夫人の降霊術実験に使われた場所である。パトナムも心霊現象の研究に関心を持っていたのである。[59]

パトナムが重要人物であることは、すでに文献からも大会中の出会いからも分かっていたが、この滞在中に、フロイトやフェレンツィにとって、アメリカの精神分析にとって、ホールに並び、あるいはホール以上に重要な人物であることが分かってきた。パトナムの精神分析への関心は、単に理論上のものではなかった。治療実践で複雑な転移関係に巻き込まれていたことから、その「転移」状況をどう扱うか苦慮していたからである。パトナムとの会話は、大会後の休息を三人に提供するようなものではなかった。[60] パトナムは、自身の経験に基づいて、数々の質問と討論を投げかけた。それまでの精神分析の文献を読み込んだパトナムの議論のレベルは高かった。初めて会って間もないにもかかわらず、パトナムがフロイトに強い個人的信頼を寄せていることが明らかだった。また、まさにジェイムズの実験の現場である。心霊術に関する議論も行われたにちがいない。パトナムとフェレンツィを加えた三人の議論は熱いものだったろう。

今回の連続講義を聴講し[61]、フロイトの学説の正しさをさらに確認したパトナムは、その後も精神分析家たちと交流を続けた。分析家にはなることはなく、あくまで「神経学者」のアイデンティティを守った彼だが、一九一二年後にヴァイマルで開催された国際精神分析学会に参加し、「精神分析のさらなる発展のための哲学の意味について」と題する発表を行った。パトナムの存在は、精神分析にとって強い後ろ盾となったのである[62]。

帰国

慌ただしいアメリカ滞在はこうして終わった。一行は、到着したのと同じニューヨークの波止場から、九月二一日にブレーメンを目指して出航した。

船上で三人はアメリカ滞在について振り返ったが、そこで話題の焦点となったのが国際精神分析学会創立を急がねばならないことである。アメリカ経験は、精神分析の未来がその国際化にかかっていることを三人に痛感させた。組織作りのためにはウィーンの分析家たちとの協議が必要である。しかしフロイトの心中では、ユングを会長としてチューリヒに本部を置く構想が固まりつつあった。国際的展開に最も有利と思われたからである。フェレンツィもまた学会の設立、運営のために貢献を惜しまないつもりだった。

船上でフェレンツィの胸にはさまざまの思いが去来したであろう。精神分析を学び始めたアメリカが、ホールやブリルたちの活動によってこれからどのように発展するのか、楽しみである。ブリル訳によるフロイトの著作の出版が間近に予定されていた。アメリカにおける精神分析の夜明けは近かった。

振り返れば、出発前には、ユングとフロイトの間の緊張関係を目の当たりにした。ユングは確かに有能で、自分の一歩先を歩いている。アメリカでの歓迎からも、博士号授与からもそれを認めないわけにはいかない。しかし、自分こそがフロイトに最も近い位置にいる。フロイトの講義は自分の功績といってもいいではないか。大陸間をまたいで発展する精神分析の中で、アメリカの学界に自分が貢献する機会がまたあるかもしれない。

ブレーメンに到着すると、ユングはそのままスイスに向かった。残ったフェレンツィとフロイトは、ユングとの緊張関係から解放された気分を味わったかもしれない。二人はハンブルクに立ちよったあと、ベルリンを訪問した。二人にとってこの長い遠征はまだ終わっていない。特に、心霊術の実験の記憶がフェレンツィの頭から離れなかった。ベルリン滞在中に、恐らくフェレンツィが主導してのことだろう、二人はザイドラー夫人という霊媒を訪れた。フェレンツィは夫人にさまざま問いかけてみた。

このときのフェレンツィの関心は、ホールの宿舎での実験やパトナム・キャンプでの議論とやや違っていた。アメリカでの議論は、霊現象が実際にあるのかという基本的問題に向けられるか、そうでなければ霊媒の人格に焦点を当てて霊媒の無意識が引き起こす現象としてそれを理解しようとしていた。フェレンツィの関心は、そのいずれでもなく、霊媒が示す「心を読む」能力にあった。思考が個人から個人に移ること、つまり「思考の転移」(63)への関心である。言葉や表情という外に表されたものから他者の考えを知るのではなく、心から心へ、あるいは無意識から無意識へ、直接移ることがあるのではないか、と彼は考えていた。フロイトと自分の関係について、あるいはユングについて、知らないはずの事実をザイドラー夫人が指摘したと感じたフェレンツィは、心を読む力が彼女にあると推測し、ブダペストへの車中で早速自分の考察をまとめてフロイトに送った。[64] フロイトは、一部可能性を認めながら、さらに検証が必要であり、この件についての公言は控えるようにと返した。

心霊術へのフェレンツィの興奮はまだ冷めない。ブダペストでも、以前に占いを受けに行ったことがある女性を伴って、イェリネク夫人[65]という怪しげな占い師を訪れた。彼女は、いろいろ話したが、「あなたには困難が迫っている。地盤が揺らいでいる。しかし迷ってはいけない」といった誰にでも言えるようなあたりさわりのない話ばかりだった。「ユングとの関係についてアドバイスを」というフェレンツィの質問には、「いずれうまくいきます。彼は確かに気分屋で暴力的です。でも最後には彼との共同作業にあなたの役割が見えてくるでしょう」と、当っている気もするが、思考の転移を証明するほどではなかった。訪問は全般に失望に終わったが、「ウィーンの友について何か言ってください」という問いかけへの答えがフェレンツィの心に残った。「あなたに彼が必要なだけでなく、彼にあなたが必要です」という言葉である。自分がフロイトに必要とは考えたことがなかったからである。

アメリカ旅行の余波は心霊術だけではない。精神分析に関する講義の要請が次々と彼の元にやってきた。要望に応えてフェレンツィが最初に行った講義は、「夢の心理学的分析」だった。ハンガリー語で行ったこの講演は、フロイトがホールに勧めて、英語で発表することになった。結局、フロイト、ユング、スターンらの講義を収録する特集号に、同行したジョーンズとフェレンツィの論文も掲載されることになった。[66] スターンは往路の船上でフロイトをいらだたせた心理学者である。活字となって残る特集号に、「夢の心理学的分析」[67]が掲載されれば、ヨーロッパからこの記念大会に参加した心理学者の一人として名が残る。「取り入れ」について書いた論文の校正稿も、帰国後まもなく届いた。読み直すと、最初の部分はやや表面的と思ったが、全般に満足のいく内容である。精神分析に貢献する自信がさらに高まるのを彼は感じた。実際この論文の発想は、以後の精神分析の展開を決定づけるほどの意味を持っていた。出遅れたと思っていたが、もはや分析家たちとの距離はそれほどないのかもしれなかった。

学会設立

国際精神分析学会の構想は、約半年後の翌一九一〇年三月にニュルンベルクで開催された国際精神分析会議で提案された。提案のための会合でイニシアチブを取ったのはフェレンツィである。チューリヒに本部を置く案には、ウィーンの分析家たちから反対の声が上がるに違いなく、どちらにも属さないフェレンツィが主導する必要があると思われた。それだけではない、フェレンツィ自身、その役割に情熱を傾けたのである。

グループ内に摩擦があるとき、常に「調停役」を買って出るのがフェレンツィである。たとえメンバーに対してどのような不快を感じたとしても、彼はその感情を抑えて繋ぎ止めたいと思うのだった。切り捨てない姿勢は、一面で切り捨てることができないというフェレンツィの弱さであったが、他方で、彼の実践を貫く原理でもある。この役はまさに自分にふさわしいと彼は思った。

しかし、ウィーンで早くからフロイトのもとに集ってきた分析家たちにとっては、ウィーンこそが精神分析の都である。会議場で強い反対の声が上がる中で、フェレンツィはウィーンの閉鎖性を批判し、反感をさらに買ってしまった(68)。しかし、ウィーンの分析家たちの閉鎖的な姿勢を問題視していたのはフロイトも同じである。医学界で精神分析サークルが孤立しているウィーンに縛られていては国際的発展が望めなかった[69]。チューリヒ本部案で進めるフェレンツィの決意は固かった。結局、会議後の調整が功を奏し、フェレンツィが提案した通り、一九一一年に国際精神分析学会が設立された。国際的運動としての精神分析の門出である。

この間、アメリカ講演のもう一人の参加者、ジョーンズは、アメリカでの組織化に向けて奔走していた。その結果、ホールやパトナムの協力を得て、一九一一年にアメリカ精神分析学会が設立された。他方ブリルも、ニューヨークの分析家の組織化を目指し、アメリカ精神分析学会に先駆けて、ニューヨーク精神分析協会を設立した。アメリカ公演旅行はそれを意図したものではなかったが、精神分析の組織化に多大な影響を与えたのである。

注

（1）フロイトが「みずからを語る」でスタンレー・ホールをこう呼んだ。『フロイト全集』一八、一一三頁。

（2）このアメリカ旅行に関する情報は、特に断らない限り、次の文献による。また以下の注においては、Rosenzweig と表記する。Saul Rosenzweig. *Freud, Jung, and Hall The King-Maker: The Historic Expedition to America* (1909). Hogrefe & Huber Publishers, 1992.

（3）『船の旅』二〇〇八年四月号。

（4）Stanley Hall (1844-1924)

（5）『往復書簡1』p. 70.

（6）『往復書簡1』p. 70-72.

（7）グリム童話に含まれる物語。ロバ、犬、猫、ニワトリからなる音楽隊はブレーメンを目指すが、ブレーメンに到着する前に物語が終わる。

(8) Rosenzweig, p. 52.

(9) 『フロイト／ユング往復書簡集　上』W・マグァイア編、平田武靖訳、誠信書房、一九七九年、三三一―三四頁。

(10) 四月七日付。同書、三六頁。

(11) 『分裂病の心理』安田一郎訳、青土社、一九七九年。原題には、dementia praecox（早発性痴呆）の名が使われている。現在の schizophrenia に相当し、日本語訳は、かつての「精神分裂病」から「統合失調症」に改められている。翻訳書の出版が古いことから、「分裂病」という名が使われているが、現在訳すなら、原書に忠実に「早発性痴呆」を用いるのが正確であろう。ただし、歴史的意味において正確だが不適切である。

(12) 『診断学的連想研究』高尾浩幸訳、人文書院、一九九三年。

(13) 『日記』二六九頁。

(14) Ferenczi (1908)『著作集2』p. 280–290. ちなみに、この発表内容は、同年にハンガリーの医学雑誌、Gyógyászat（『癒しの術』）にハンガリー語で掲載されたが、ハンガリー語にする際に、加筆がなされている。現在の英語版には加筆部分も補遺として含まれている。ハンガリー語以外で活字化されたのは、フェレンツィの死後に発表原稿が見つかってからである。

(15) 一九〇八年に、ブダペストでの講演をもとに、ハンガリー語とドイツ語の二つの啓蒙的論文が発表された。フェレンツィが書いた最初の精神分析的論文である。『著作集2』p. 15–55.

(16) 『往復書簡1』p. 65.「取り入れと転移」『著作集1』p. 35–93. 二〇〇九年に、取り入れ論文百周年記念の催しが行われた。

(17) 『ユング自伝I』ヤッフェ編集、河合隼雄・藤縄昭・出井淑子訳、みすず書房、一九七二年、三二五頁。

(18) Rosenzweig, p. 52-53.

(19) 三月の手紙。ピーター・ゲイ『フロイト1』鈴木晶訳、みすず書房、一九九七年、二四五頁。

(20) 七月二五日。同右、二四六頁。

(21) Abraham Arden Brill（1874-1948）. ニューヨークで活躍した精神科医、精神分析家。以下の記述で、ブリルの自伝的事実は『フロイト1』二四七頁による。生地および経歴の一部については以下による。Hale, Nathan G., Jr., *The rise and crisis of psychoanalysis in the United States: Freud and the Americans 1917-1985*. New York, Oxford University Press, 1995. http://www.encyclopedia.com/people/medicine/psychology-and-psychiatry-biographies/abraham-arden-brill. 2017.9.29.

(22) フロイトはこのエピソードを日記に記し、「すると、あのケチなユダヤ人は困って離れていった」と締めくくった。ローゼンツヴァイクは、「ケチなユダヤ人」という言葉に込められた、ユダヤ人に対するフロイトのアンビヴァレンツについて考察している。Rozenzweig p. 57.

(23) 黒川祐次『ウクライナの歴史』中公新書、二〇〇二年、一五五頁。

(24) 『著作集1』p. 144.

(25) George Prochnik, *Putnam Camp: Sigmund Freud, James Jackson Putnam and the Purpose of American Psychology*. Other Press, 2006, p. 93. 以下 Putnam Camp. と表記する。

(26) この記述は、ユングへのインタビューにも基づいて、ローゼンツヴァイクが書いた内容に基づいている。そこにフェレンツィは登場しないが、ブリルの案内にフェレンツィが同行していない可能性は少ないと判断した。

(27) Alfred Ernest Jones（1879-1958） イギリス出身の精神分析家。イギリスでの職を追われたために、当時、カナダで働いていた。一九一〇年にアメリカ精神分析協会が設立されたとき、創立者として名を連ねた。

(28) 次の文献で目にすることができる。J・A・ポップルストーン、M・W・マクファーレン『写真で読むアメリカ心理学のあゆみ』大山正監訳、新曜社、二〇〇一年、一三頁。Rosenzweig, p. 78, 98.
(29) Wilhelm Maximilian Wundt (1832-1920)
(30) William James (1842-1910)
(31) 前掲書、注(28)一二―一三頁。
(32) 『フロイト1』二四三頁。
(33) フロイトへの講演依頼の手紙(一九〇八年一二月一五日三三九)より。Rosenzweig, p. 339. 訳は、『フロイト1』二四四頁による。
(34) Freud (1933) *Sándor Ferenczi*, SE, 22, p. 227.
(35) Rachman, p. 24.
(36) フロイトの五つの講演は、翌年アメリカ心理学会誌に収録され、活字で読むことができるが、夢理論が前日に置かれているのは、フロイトが帰国後にホールに送った原稿でもとの予定に戻されたからである。Rozenzweig, p. 128-134.
(37) Rosenzweig, p. 80-81.
(38) *Putnam Camp*, p. 141.
(39) Rosenzweig p. 174-180.
(40) James Jackson Putnam (1846-1918). ハーバード大学の精神科医であり、アメリカ精神分析学会の創設者の一人でもある。
(41) Rosenzweig, p. 175-176.
(42) ウィリアム・ジェイムズ『宗教的経験の諸相』上・下、桝田啓三郎訳、岩波文庫、一九六九年。
(43) Rosenzweig, p. 174.

(44) 佐藤達哉「蛎瀬彦蔵　フロイトと記念写真に写った日本人」『心理学ワールド』日本心理学会第三号、一九九八年、三〇頁。
(45) 元良勇次郎（1858-1912）
(46) フェレンツィに会った可能性のある日本人としては、他に、一九三〇年にウィーンを訪れた矢部八重吉が考えられるが、会った機会を確認できない。古澤平作が一九三二年からウィーンに滞在したが、同年にフェレンツィがウィーンを訪れたのは、フロイトに会った一回のみ、かつ短時間であることを考えると、可能性は極めて少ない。
(47) 佐藤達哉「蛎瀬彦蔵　フロイトと記念写真に写った日本人」
(48) 元良勇次郎『心理學概論』丁未出版社・東京寳文館、一九一五年、四―五頁。
(49) 久保良英『精神分析法』中文館書店、一九二五年。
(50) 久保良英『精神分析学』中文館書店、一九三二年、二頁。現代表記に改めた。アドラーやユングの紹介も含め、当時の精神分析の知識を網羅した優れたものである。
(51) 同右。現代表記に改めた。
(52) この部分の記述は、ローゼンツヴァイクの検証に基づいている。
(53) フロイト『自己をかたる』。訳は『フロイト1』二四九頁による。
(54) Théodore Flourney（1854-1920）. スイスの神経科医。心霊現象に無意識の願望が関わることを発見した。心霊術、オカルト現象に関心を持ち、ジェイムズの友人であるとともに、ユングに大きな影響を与えた。
(55) Rosenzweig, p. 174.
(56) Rosenzweig, p. 174.
(57) 『日記』二六九頁。
(58) *Putnam Camp*, p. 145-146.

(59) James Jackson Putnam (1846-1918)

(60) パトナム・キャンプでの経験については *Putnam Camp* を参照。

(61) 記念写真には写っていないので、他の日に聴講したものと思われる。

(62) 『フロイト1』二五〇―二五一頁。

(63) Gedankenübertragung, transference of thoughts.『往復書簡1』Introduction, p. xxvii-xxviii.

(64) 『往復書簡1』p. 75-78. 一〇月五日付。残念ながら、車中で書き始めた手紙の冒頭が失われているため、ザイドラー夫人が語った内容の全容は不明である。

(65) Jelinek

(66) この掲載の依頼がなされたのが旅行中か帰国後か、実のところ定かではない。ここでは旅行中に依頼されたとして記述した。

(67) Ferenczi, The psychological analysis of dreams. *The American Journal of Psychology*, 11 (2), 1910, 309-328.

(68) psyalpha. psyalpha は、ウィーン精神分析アカデミーが運営する精神分析に関するデータアーカイヴである。各回の国際精神分析会議の事情に詳しい。www.psyalpha.net

(69) アーネスト・ジョーンズ『フロイトの生涯』竹友安彦・藤井治彦訳、紀伊國屋書店、一九六九年。(Jones, II, 76f)

第四章　ブダペスト一九一八——戦争神経症

大戦末期

一九一八年九月二八日、二九日の両日にわたり、ブダペスト科学アカデミーの建物で第五回国際精神分析会議が開催された(1)。一九一三年に設立されたブダペスト精神分析協会が開催者である。ザルツブルクに続いて、ニュルンベルク（一九一〇年）、ヴァイマル（一九一一年）、ミュンヘン（一九一三年）とドイツ各地を巡ったあと、ついにドイツ語圏外に出たのである。フェレンツィは、この会議で国際精神分析学会の会長に選出され、名実ともに精神分析を代表する立場となった。ブダペスト精神分析協会が、フェレンツィの元で国際学会事務局を務めることになった。ブダペストは、言わば精神分析の首都となった。いくつもの意味で画期的な大会であった。

しかし、言うまでもなくこの会議は、多くの悲劇で彩られていた。なにしろ第一次世界大戦が戦われている最中の開催である。前回のミュンヘン大会から五年の間、なんと多くの悲劇がヨーロッパを襲ったことであろうか。

一九一四年に始まった第一次世界大戦は、一千万人もの戦死者を出しながら、まだ終結を迎えていなかった。ドイツ、オーストリアが属する枢軸国は、敗戦濃厚の情勢の中で苦しんでいた。六八年間在位したフランツ・ヨーゼフ一世は、約二年前の一九一六年に戦争の終結を見ることなく亡くなった。後を継いだカール一世は、オーストリア・ハンガリー帝国の維持のために、連合国との単独講和を画策したがかなわずにいた。次々と諸国が参戦した戦争初期の高揚はすっかり消えていた。一九一七年にロシア革命が起こったロシアは、この年の三月すでに戦争から離脱し、軍隊が前線から撤退した。その結果、ロシア領のいくつかの国が独立を宣言し、民族独立の空気が東ヨーロッパ全体を覆っていた。大会中の二九日にブルガリアが単独で休戦協定を結び、それを皮切りに、次々と休戦協定が結ばれて行く日が近づいていた。

西部戦線でもすでにドイツ軍の敗退が決定的になっていた。八月八日に始まった英仏の連合軍による百日攻勢が、多数の死者を出しながらドイツ軍を決定的に押し戻した。フランス軍最後の攻撃が二六日から始まり、一〇月上旬までに、ドイツの前線を機能不能に陥れていく。

またイギリス軍によるイエプスの攻撃が始まったのが、学会が始まった二八日で、ドイツ軍はほとんど抵抗なく撤退を強いられた。ちなみに、この戦線で毒ガス攻撃にさらされて視力を失ったアドルフ・ヒトラーは、ベルリンの病院に収容されることになった。ヒトラーをめぐるその後の歴史の変転を知る人はもちろんまだ誰もいない。

フェレンツィとフロイトの属するオーストリア・ハンガリー二重帝国の敗戦、そして帝国の解体はもう目の前に迫っていた。その歴史の大変動の只中にあるブダペストで、どのようにして精神分析学会の開催が可能だったのだろうか。

対立、分裂、延期

実は、前ミュンヘン大会の次大会は、はじめ、翌年の一九一四年にドレスデンで開催される予定であった。しかし、その開催は無期延期になった。その年に大戦が勃発したことを考えれば、延期は当然と見えるが、延期の理由はそれだけではない。と言うより、それではなかった。開戦への引き金を引くサラエボ事件が起こる前に、すでにドレスデン大会開催は難しくなっていたのである。延期を引き起こした混乱は、ミュンヘン大会前から進行し[2]、ミュンヘン大会で参加者すべての目に明らかになった、ユングが率いるスイスグループとそれ以外の分析家たちとの間の対立であった。

会長ユングは、一九一二年から、ウィーンの水曜会から発展していた「秘密委員会」を拡大して役割を明確化するなど、学会の改革に取り組んでいた。誕生の地、ウィーンの閉鎖性を打ち破り、学会を国際的なものにすることは設立時からの課題だった。その結果、委員会に、アブラハム、ザックス、フェレンツィ、そしてフェレンツィの友人、アントン・フォン・フロイントが加えられた。

しかしその過程でユングは、公の場でフロイト批判を語るようになり、フロイトとユングの間の緊張関係が高まっていった。ユングが自身の地位を脅かして「父親殺し」をするのでは、というフロイトの不安がその原因であると、ユングは考えた[3]。この緊張は年をまたいで続き、フェレンツィは、例によって両者の和解を図ろうとした。しかし、フロイトは和解に対して悲観的で、その努力をやめるようにフェレンツィに言っていた。

ミュンヘン大会でフェレンツィは、「信頼、不信、確信」という発表を行った。精神分析治療において、患者が自発的に「確信」に至ることを可能にするのはどのような過程かを論じたものである。父親に代表される権威者への信頼と不信、幻想と脱幻想を、子どもの現実吟味能力の発達と関係付けて論じるその内容は、後年にフェレンツィがたどった道を思わせるものである。フェレンツィによれば、自身の過去の人生の出来事とその意味を、自発的に「確信」することが治癒をもたらす。そうした確信を得られるような条件を作り出すのが分析家の仕事であり、そのためにフェレンツィはさまざまな工夫を行ってきた。フロイト初期のカタルシス法も、その背景にあった催眠も、またアドラーの心理療法も、患者の自発的な確信を促進するものではない点が問題であった。

それにしても進行中のフロイトとユングの確執に照らして何とも意味深長なタイトルである。議論の中身も、その確執を念頭に読むと、まるでユングが父への幻想をフロイトに投影している様を描写しているように見えてしまう。そして、最後に近づいてフェレンツィはついにユングの考えを名指しで否定する。(4)

「ユングのような治療的技法の修正は、症状の太古的性質を一般的に指し示したり、患者にそれを確信させるいくつかの例を使ったりするもので、各個人のトラウマ的幼児体験を患者が体験し直すことにも、個々の内容自体にも特別な意義を認めません。そんな風に治療を端折ってしまうと、患者が知らずにいたことを、正確な位置付けがもたらす心的確定の安定した体系の中に位置付ける機会を逃してしまうのです。」

この批判のあと、フェレンツィは確信を促進するフロイトの精神分析こそが、正しい心理療法であると発表を締めくくった。それにしても、ユングが参加する学会の場で行った名指しの批判は、ユングに公然と戦いをいどんだことを意味する。フェレンツィとユングの間には、すでに修復不可能な溝ができてしまっていた。

挑戦的だったのはフェレンツィ側だけではない。フロイトの汎性欲論への疑念を抱いていたユングは、アメリカ旅行以来、会長としてある程度の妥協も試みてきたが、いよいよもってフロイトの性理論を受け入れることができなくなっていた。結果、ユングは、この大会中あらゆるセッションで、発表者たちにさかんに議論を吹き掛けた。大会は、精神分析の体制派とユング側の二つの陣営に分かれた激しい論争に覆われた。大会最後の投票では、ユングが会長としてかろうじて再選されたが、五分の二の分析家たちがユング不支持の票を投じた。参加者たちは、「再会したいという気持ちを抱かないまま」[5]解散したのである。ユングに長く期待を寄せてきたフロイトも、ついに、ユングを中心とするスイスグループを精神分析の内部にとどめることはできないと悟った。

翌年三月予定のドレスデン大会が延期されたのは、この混乱のためであった。フロイトは混乱を収束させるため、ウィーン、ブダペスト、ベルリン、ロンドン、チューリヒ、ミュンヘンの各都市の分析家協会の会長に私書を送り、ドレスデンでの大会開催を可能にするために、郵便で選挙を行ってベルリンのカール・アブラハムを暫定的会長に選ぶことを提案した。ドイツでの学会開催の可能性を少しでも高めるためであった。

多くの分析家たちに、そして何よりフロイトその人に、自分の説が受け入れられないことを知ったユングは、精神分析運動に別れを告げることを決意し、四月二〇日のフロイト宛書簡で、会長職を退くことを宣言した。その手紙が分析家たちの間に回覧され、会長辞職が公のものとなった[6]。悲劇的な結末ではあるが、ともかくこれで、期日を変えてドレスデン大会の準備を進めることが可能になったように見えた。

ところが、その矢先の六月二八日に、サラエボ事件が勃発した。当初、この事件があれほど長期にわたる大戦争に発展するとはだれも考えていなかった。オーストリアがセルビアに宣戦布告し、ドイツが同盟国として参戦を決めたが、戦いは短期で終わると考えていた。フロイトもまた、戦争が早期に終結すれば、まだドレスデン大会が可能かもしれないと考えていた。(7) しかし、その期待は長くは続かず、諸国が次々と参戦する中で、分析家たちの祖国は敵味方に分かれ、相互の文通も困難になった。フロイトへの書簡が届くこともまれになった。学会の開催は無期限に延期するしかなかった。分析家たちは、たがいに切り離され、それぞれの国で、医師としての務めを果たすしかなくなった。

アメリカからの帰路で構想した国際的「精神分析運動」は、ユングの脱退と大戦の勃発によって宙に浮いてしまった。一度は「皇太子」として後継者になることを期待されたユング抜きの「運動」を展開していかねばならない。そのためにはまずは、ユングが引き起こしたひどい混乱を収めなければならなかったが、修復のための学会の場は失われてしまった。

暗示と分析

交流の中断は、逆に言えば、学会の混乱から離れて、理論体系としての精神分析をあらためて整理しなおす時間をフロイトに与えた。大戦中とはいえ、前線は都会から離れた地にあり、ウィーンの生活は通常通り続いていた。まもなく六〇歳を迎えるフロイトは、戦争に直接に関与するような立場ではなかった。分析治療と執筆が日々の日課であることは変わりがなく、ただ、大戦の影響で患者数が減少したため、むしろ執筆活動に時間を多く割くようになった。ウィーン大学に依頼された「精神分析入門」の講義も、精神分析理論を体系化するよい機会だった。

フェレンツィにとっても、この大戦の時期は二つの意味で重要な機会となった。その第一は、フロイトに分析を受ける機会を複数回持ったことである。まず、大戦がはじまったこの年の一〇月の三週間、そして一九一六年の六月の三週間であった。(8) まだ精神分析の訓練の形がなかった当時、この経験が、分析を受けることが訓練の必須項目、というかむしろそれこそが訓練、という考え方の礎を築いた。この時期にフェレンツィがフロイトに宛てた手紙は、自己分析の試みに満ちている。

後の批判の中でフェレンツィは、フロイトに対する彼の否定的な感情を分析対象に取り上げなかったことを、フロイトの失敗と考えてつよく批判することになる。ただその不満はこの頃まだ十分意識されておらず、むしろフロイトに分析を受けることができた喜びで覆われていた。

もう一つの重要な大戦中の経験は、軍医としての勤務である。一九一四年の一〇月から派遣されたハンガリー西部の町、パーパの病院にも、一九一六年から勤務したブダペストの神経科クリニックにも、戦場で傷ついた兵士が次々と運び込まれてきた。そこでフェレンツィは、兵士たちに発生している「神経症」と思しき症状に直面した。フェレンツィが直面したそれらの症状は、実は、あらゆる前線で発生していた。錯乱状態になり塹壕から危険を顧みずに飛び出す兵士や、足が麻痺して病院に担ぎ込まれる兵士があった。病院では小さな音に恐怖発作を起こしてベッドの下に隠れてしまう兵士や、記憶を失った兵士、言葉を失って何も語れない兵士があった。(9)

イギリスの医師、マイヤーは、これを砲弾によるショックが引き起こす神経の障害と考え、すでに一部で口にされていた「シェル（砲弾）ショック」という診断名を論文に用いた。この名称は誰にもわかりやすく、広く用いられるようになったが、砲弾ショックを受けたことがない兵士にも同様の症状が発生することが知られるようになり、より一般的な「戦争神経症」という名称が提案された[10]。ただ、シェルショックという印象的な言葉は、そのインパクトの強さから、大戦中も、大戦後も様々の機会に使われ続けた。現在でも、第一次大戦のトラウマを代表する言葉として使われることは珍しくない[11]。

当時、「戦争神経症」の治療は、軍にとって危急の課題だった。なぜなら、負傷ではなく、「神経症」のために前線を離れる兵士が続発していたからである。兵士を収容する病院の医師たちは、それぞれの知識を用いて治療を試みた。

治療の一方の極には、電気ショックがあった。電気ショック療法は、今でこそ旧時代の残酷な治療という印象を与えるが、当時は精神医療で広く用いられていた。「ショックを与えれば治る」という考え方は、ふつう考える以上に治療者が信じやすい考え方である。電気ショックというとおだやかでないが、ショック療法で治るといわれるとそうかもしれないと考える人は多いのではないだろうか。こうした考え方を支えているのは、専門的にいえば、「暗示」という仕組みである。「暗示」という言葉は、日常語としてもよくつかわれる言葉である。簡単に言えば、外からの影響で「そんな気になる」という意味である。それも、「そんな気に」なっていることに自分で気がつかないうちにそうなっているのが「暗示」の特徴である。

「暗示」という見方から「シェルショック」や「戦争神経症」を考えると、ショックのために「自分は動けない」、「自分は歩けない」、といった暗示にかかってしまった状態と考えられる。ならば、「自分は大丈夫」という暗示をもう一度かければ元に戻ることになる。そういう暗示を「逆暗示」と言う。とすればそのような暗示をどうやってかけるかが問題である。「あなたはもう大丈夫」と説得する方法があるが、強烈なショックで暗示にかかってしまった患者を説得で戻すのは容易ではない。あるいはほとんど不可能である。

そこでもう一度強烈なショックを与えることで、「正気に戻す」という発想が生まれる。暗示にかかってしまった時と同じようなショック状態にもう一度置かれて、、そこで「自分は大丈夫」という逆暗示が成立すれば治るという発想である。

戦争神経症の治療に電気ショックを用いた代表的な医師、イギリスのイェランドは、電気ショックで「絶対に治る」という医師の確信が患者に伝わることが重要と考えていた。つまり、「逆暗示」の考え方が中核にあった。ただし、ショック状態の中で、やはり丈夫ではないという思いが強くなると悪化する危険もある。あるいは、治療によって治ったように見えても、暗示の効果ではなく、電気ショックの恐怖に二度と遭いたくないために意志力で症状を抑えた場合もあっただろう。

イェランドの主張のように、「治る」という医者の信念が患者に働きかけて治療効果が上がるという考え方は、戦争神経症でなくともよくみられる。そして、そういう信念を伝えてくれる医者のほうが患者からしてありがたく、信頼されやすいことがある。「暗示」という現象や考え方は、いつの時代の医療にも影響しているのである。そして、一九世紀から二〇世紀の初頭にかけて、精神医療や心理療法には現在よりもはるかに暗示説が強かった。

この観点から見ると、フロイトがはじめた「分析」という治療原理は、「暗示」の作用を否定したところに特徴がある。「なぜかその気になる」という作用に頼るのではなく、しっかりと心の動きを認識して、その中にある基本的要素（これをフロイトは欲動と考えた）を明らかにして（＝分析）、より高い意識のレベルに達することを目指し、それによって無意識の働きに縛られていた状態から解放しようとするのが「心の分析＝精神分析」である。「分析（アナリシス）」という言葉は、そういう「解き明かす」働きを意味している。そして、解き明かすための出発点は、患者自身の「語り」であった。それをフロイトがヒステリー研究で報告した患者、アンナ・Oは「お話療法 talking cure」と呼んだ。精神分析を学び、その方法に共感していた医師たちは、戦争神経症の治療においても、「暗示」ではなく「お話療法」を用いた。

彼らは、まずは患者の話に耳を傾けた。精神分析的な方法は、実際幾人かの医師によって大きな効果を上げていった。有名な例に、自らが治療を受けた体験をのちに書いた詩人、サスーンの報告がある。[12]サスーンに見事な治療効果をもたらした医師、リヴァースは、精神分析家ではないが、人類学的研究を経て、精神分析にも関心を持っていた。

フェレンツィもまた、そのような医師の一人であった。彼は病院の患者の体験に耳を傾け、体験を言葉にすることを促進する試みを行った。それは基本的に、フロイトがかつてヒステリー患者に行った方法と同じものであった。しかし、精神分析家が普通治療を行うようなオフィスが戦場にあるわけではない。フェレンツィはどこでも患者の話に耳を傾けた。そしてそれは治療効果があるように思われた。ときには、指揮官に馬で同行しながら話を聞いた。それが功を奏したように見えると、彼はフロイトに、「世界初の馬上精神分析」を行ったと手紙で報告した。[13]

一九一六年にパーパでの職務を解かれると、フェレンツィはシェルショック患者の診療を行っているブダペストの神経科病棟の主任に着任した。神経科の病棟は、パーパでも見たことがないほど戦争神経症の患者であふれていた。そして、それから二カ月後に、病院勤務医を対象とする会合で、「戦争神経症の二類」(14)と題する講演を行った。今まさに戦争が進行し、傷ついた兵士が次々と運び込まれる中で行った貴重な報告である。

冒頭でまず彼が語るのは、病棟経験から彼が得た印象である。たった二カ月の間に、約二〇〇人にも上る入院患者を見ただけでは詳細な探求はまだ無理であると断ったうえで、次のように語る。

「戦争神経症患者であふれた病棟から私が最初に得た印象は、当惑でした。立ったり、座ったり、横たわったりしている患者たちの集団をあなた方が目の当たりにすれば、同じ印象を持つでしょう。ここでは、五〇人程度の患者が、身体障害のない患者も、重い病いを患っているように見えます。多くは動くこともできません。動こうとすると、膝や足首の激しい震えを来たし、靴が床に立てる音で私の声が聞こえないくらいです。」

現在、フィルムに残された記録によって見ることができる激しい振戦(ふるえ)を起こす患者たちが病棟に溢れていた。しかし、一見して想像されるような身体的損傷は彼らになかった。たった二カ月では無理と言いながら、これに続く報告は、彼が短期間の間に、患者の体験を詳細に聞きとり、理解したことを示している。彼の基本姿勢は戦争神経症の兵士を前にしても全く変わらない。つまり、ユングを批判したときに語ったように、各個人のトラウマ体験の内容に注目し、ショックのその瞬間が症状に及ぼす作用を理解していくのである。フェレンツィはまず、全身ではなく身体の一部のみに症状が出る患者に注目する。頭が揺れ続ける患者、左足の攣縮を起こす患者などを紹介した後、これらの症状が「機能的」なものであり、精神神経症として理解されると推測する。たとえばある兵士は、左側に砲撃を経験した。本人はその風圧のために体の左側に問題が起こったと語る。しかし、もし脳の左側に何らかの異変が起こったのなら、症状は右側に起こるはずである。そのことから、これは体の左側に対して起こったトラウマ的固着の結果であり、ヒステリーと理解できるとフェレンツィは結論する。このように、トラウマ的なショックを受けた時の、場所や姿勢が、症状と関係づけられる例をいくつも紹介していく。聞き取りの中で彼が気づいたのは、衝撃が起こった瞬間に意識を保っていた患者にこのような症状が起こることだった。つまり、衝撃の位置や方向をわかっている患者が、たとえば先の例では左側から衝撃を受けたので左側がだめになったと思い込むために症状が発生するのである。

フェレンツィが第二類として報告する患者は、一部ではなく全身の震えを示す患者である。数としてはこのタイプの患者の方が多かった。トラウマ的ショックと症状を直接的に結びつけにくいこれらの患者についても、彼が考察の出発点にするのは、聞き取りである。その結果、患者によって経過が異なることがわかった。まず、砲撃の瞬間に意識を喪失し、病院で意識を取り戻した患者があった。彼らは全身麻痺をしばらく経験した後、歩こうと試みたときに震えを発生した。別の患者は、砲撃直後には症状がなく、時間が過ぎてから意識を喪失した。ショックの累積によって症状が発生した兵士もあった。こうした患者についてフェレンツィは、不安神経症の理解を用い、トラウマ的体験が彼らの自尊心を阻害し、不安を昂進させていると考える。最後に、いずれの型にも、圧倒的なトラウマ的出来事による自己愛の阻害が根底にあると言う。

この短い報告で彼が述べている観察と考察には、今日のトラウマ理解からしても妥当なものが多い。まず、トラウマ的な出来事の細部が現在の症状に現れる現象である。フェレンツィがした聞き取りのように、詳細な探求で何がいつどのように起こったのかわかってはじめて、今の症状の意味がわかるのである。全般的な不安への注目は、トラウマ現象の理解に欠かせないもので、安心感、安全感を回復することが支援や治療の目標になる。最後に、自己愛への視点も重要である。自己愛の傷つきを理解し、健康な自己愛の回復をはかることは今でもトラウマ治療の最終目標である。

ブダペスト大会

大戦中の勤務にもフェレンツィには休暇があり、そのような機会にフロイトと過す休暇は、戦前と変わらなかった。今、フェレンツィはユングに変わって、フロイトにとってますます重要な「皇太子」となりつつあった。フェレンツィは決して自分を裏切らず、精神分析の王道を歩み続けてくれるだろう。フェレンツィによって精神分析の未来は明るいものになるだろう、とフロイトは考えた(15)。

フェレンツィは、兵士の治療経験についてフロイトに語った。とくにフロイトの関心を引いたのは、兵士が繰り返し見る特殊な夢だった。それは、戦場の場面を再現し、兵士は恐怖とともに目を覚ます。そうした悪夢の発作が毎晩兵士を襲うのだった。ほとんど同じ内容が繰り返されることが多かった。このような夢のあり方は、実はフロイトにとって、今までの夢理解に変更を迫るものだった。

フロイトは、『夢解釈』のなかで、夢のメカニズムについて徹底的に考えていた。そして、夢は、願望の充足過程であるという理論にたどりついていた。抑圧されて意識することのできない願望が、意識の働きが弱まる睡眠中に現れるのが夢である。願望とは一つのエネルギーであって、夢の形をとることでそのエネルギーが放出されるのである。では戦場の恐怖の夢を繰り返し見るのはなぜだろうか。夢を見ることで何かの願望が充足されるとはどうしても理解できなかった。フロイトは今までの自分の理論では説明できない何かの働きがあると考えはじめていた。
フロイトだけではなく、兵士たちの抱えた症状は、多くの分析家の注目をひき、何人もの分析家がそれぞれの考え方を展開させていた。そしてメカニズムはまだ十分理解できないものの、「語る」という精神分析の基本的方法は、戦争神経症患者にも有効であるように思われた。各地の分析家の活動から、オーストリアに限らず、ヨーロッパの他地域でも、「精神分析」は、戦争神経症の新しい治療法として期待されるようになった。医学界だけではない。効果的な治療法を探し求める軍隊や政府の関係者からも、注目されていた。

こうした中でフェレンツィは、戦争神経症をテーマに第五回国際精神分析会議を開催することにした。国際精神分析の開催は、ドレスデン大会が延期になってからの懸案だったが、久し振りのこの大会の案は長く温められたものではない[16]。計画にあたっては、オットー・ランクとアントン・フォン・フロイント[17]が力強い協力者となった。フロイントは、ビール醸造所を持つブダペストの裕福な家庭に生まれた人物だが、第一次大戦中に軽い神経症からフロイトに分析を受けて、精神分析の熱烈な支持者になっていた。フェレンツィのアイデアを聞いたフロイントは、その財力を生かして、学会の開催を全面的に支えた。フェレンツィは、フロイトにも他の分析家たちにも相談せずに、政府の医療関係者などと相談して開催の可能性を探った。はじめはドイツからの参加者の便宜を考えてブレスラウ（現在はポーランド、ブロツワフ）での開催を目論んだが、難航したためブダペストを開催地と決定し、各国の分析家に案内を送付した。メンバーの協議で開催を決定した他の回と違い、フェレンツィ一人の主導で開催にこぎつけた学会だった。会場はブダペスト科学アカデミー、参加者の宿泊地は、この年に建ったばかりの豪華なホテル・ゲッレールトである。現在も豪華な温泉とともに有名なホテルである。フロイントのおかげで資金は心配なかった。
それにしても、大会が開催された九月は、オーストリア・ハンガリー帝国の終焉がすぐそこに迫っている時期である。こんな戦争末期に、政府や軍がどのような状態にあり、こんな大会を支援できたのか想像しにくいところがある。戦争神経症を治療しながらまだまだ戦いが続けられると思っていたのであろうか。この大会は精神分析学会史の中で重要な位置を占めるが、実のところ、こうした背景について詳しく記した記録がない。

一つ確かなことは、当時戦争は現実的に末期状態にあったが、戦争が終わるという確固とした見通しや、あるいは戦争を終結に導こうという確固とした意思をだれも持っていなかったことである。戦いにすでに望みはなかったが、それでも戦いを積極的にやめる方向への決断はだれにもできなかった。第一次大戦は、第二次大戦のように、一方の側が戦いに敗北することで終わったというよりは、民族運動や革命によって帝国の君主が亡命し、各地域の政治体制が変わること、つまりは戦う国が内部から崩れていくことで終わった。逆に言えば、オーストリアとハンガリーは、政府首脳たちも軍の上層部も、まだ戦いをあきらめてはいなかった。戦況が悪化しても、政府や軍はいつものように活動し、戦争神経症の治療に関心を持ったのであろう。

いよいよ大会初日、九月二八日がやってきた。集まった分析家たちが久しぶりの再会にお互いの無事を喜ぶ姿も見られただろう。フロイトは夏の滞在地からの移動の関係で二八日には間に合わなかった。第一部は、フェレンツィが企画した「戦争神経症」のシンポジウムである。座長のフェレンツィは、最初に「戦争神経症の精神分析」[18]と題する講演を行った。五年の歳月を経て開催する学会を自身が企画し、主催したのである。気持ちの高ぶりを隠すことはできなかったであろう。

「お集まりの皆様！」（Meine Dame und Herren!）と大きな声でフェレンツィは呼びかけた。この講演では、かつて医師会で行った講演のように、自身の経験を報告するつもりはなかった。それより「戦争神経症の精神分析」の意義を学術的に確固としたものにするため、すでに発表されている研究を紹介し、シャルコー以来のヒステリー研究のなかに位置付けるつもりだった。何より彼は、「戦争神経症」というものが、神経の障害ではなく、精神分析が対象とする「心」の問題であることを、政府関係者も含めた聴衆にしっかり伝えたかった。

「この重要な機会に私に与えられたテーマに入る前に、一つのお話から始めさせてください」と彼は続けた。フェレンツィが導入に選んだ話題は、二年前のロシア革命だった。現在から見れば意外だが、集まった当時の聴衆からすれば、戦争の帰趨と並ぶ重大な関心事であった。彼のお話とは、革命を間近に目撃したあるハンガリー人から伝え聞いた内容である。革命の嵐がそのハンガリー人がいた街を覆い、共産軍が支配権を握ったとき、共産主義の指導者は、即座に強権を振るって社会改造をすることを控えた。唯物論的理念から言えば一刻も早く改造に取りかかるべきところ、それができなかったのは、唯物論が計算に入れていなかった障壁があったからである。それは、情緒、考え方の慣習など些細なこと、「一言で言えば、心に関わることでした」とフェレンツィは言う。革命はおびただしい人命の犠牲を生んだが、それが「心の発見」になったことだけが慰めである。そして「神経医の難局も戦争の進行につれて似た経過をたどりました」と話を戦争神経症につなげる。戦争神経症も、最初は器質的問題と受け取られたが、戦争という実験の経験から、神経医の理解に欠けていたものを見出した。それはここでも「心的なもの」だった。社会改革においても神経症治療においても「心」が見出されたこと、それがこの記念すべき講演でフェレンツィがまず伝えたいことだった。もちろん、革命において心が発見されたというこのエピソードが一時的あるいは局地的な現象に過ぎなかったことは歴史が後に示したとおりである。

この熱い前置きに始まったフェレンツィの講演は、このあと冷静なものになり、フロイトがかつて注目したシャルコーの外傷神経症理論まで遡りながら、大戦中に各国で進んだ戦争神経症の研究を丁寧に紹介していった。そして後半では、戦争神経症が、人間の原始的反応への退行であること、新生児の反射にまで遡る退行であることを示唆し、退行の理解によって治療を行う精神分析の有効性を主張した。フェレンツィがこうしてシンポジウムの議論を準備した後、カール・アブラハムとエルネスト・ジンメルが壇上に登場し、それぞれの経験を発表した。シンポジウムの会場では、ブダペストの医師たち、政府及び軍の関係者、周辺諸地域の関係者が講演と議論に聞き入った。

翌日の第二部では、ようやくブダペストに到着したフロイトが、「精神分析の道」[19]と題する講演を行った。フロイトは、「私たちは散り散りになり、長くてつらい年月を耐え忍んだ後、こうして再び一同に会することになりました」と講演を始めた。分析家たちが共有する感慨であったろう。フロイトはここで、今後精神分析が向かうべき方向性を示し、いくつかの提案をした。その一つは、精神分析クリニックの設立である。それまで精神分析の対象が裕福な階層に限定されていること指摘し、「貧しい人たちが、外科医による人命救助の手が差しのべられる権利を持つのと同じように、心［の病］への援助を得る権利を持つべき」であることをふまえ、「精神分析の教育を受けた医師が雇用された施設ないしは診療所」の設置を求めた。フェレンツィには、ブダペストにさっそく開設する構想計画が生まれただろう。実際、会長の膝元で真っ先に開設されてもおかしくないところである。しかし、一九二〇年にベルリン、一九二二年にウィーンにクリニックが設立されるなかで、ブダペストでの実現はずいぶん先になる。

この会議では、精神分析の運用に関する重要な議題があと二つ話し合われた。ひとつは、いわゆる訓練分析の規定である。

分析家養成のための訓練方法は、現在では国際精神分析学会によって事細かに決められており、そのカリキュラムをすべて終えた訓練生に精神分析家の資格が与えられる。しかし、フロイトが精神分析をはじめた初期には、定まった訓練がなく、フロイトの論文を読み、フロイトと交流しながらそれぞれの経験に基づいて治療を試みていた。そこに、「自身が精神分析を受けていないものは精神分析を学ぶことができない[20]」という原則が定められたのがこの会議においてであった。

もう一つの議題は、出版局の設立である。学術団体として発展するためには、学術誌、学術書を発行する出版局を持っていなければならないという合意に達した。そして、その出版局設立にとって重要な役割を果たしたのが、またもやフロイントだった。

フロイントは、この会議でブダペスト精神分析協会の会員になり、学会のために資産を寄付するとともに、国際精神分析協会の事務局長を務めることになった。国際精神分析出版社[21]と名付けられた出版社がその資金を用いて翌年一月に設立された。その記念すべき初の出版物が、『戦争神経症の精神分析にむけて』だった。ブダペスト会議の発表に、英語ですでに発表されていたアーネスト・ジョーンズの戦争神経症に関する論文を加え、フロイトの序文を添えたものである。

こうして見てくると、このブダペスト大会は、戦争神経症の議論だけでなく、戦後の精神分析の発展のための礎を築いた大会であることが分かる。豪華な宿や食事も手伝って大会は大いに盛り上り、久しぶりに集った分析家たちは、政府関係者からの関心も含め、未来に明るい光が差すのを感じた。フロイトは後に、楽しかった学会のことを「美しいブダペストの日々」とアブラハムに書いた[22]。

帝国の崩壊

ユングに替わって会長に就任したフェレンツィもまた、精神分析における自身の役割と地位に明るい未来を夢見ていた。大会後はじめてフロイトに書いた手紙の中で、新聞が学会のニュースを大々的に伝えたこと、ブダペストの医師たちの中に熱い関心を掻き立てたことを書いた。その一方で、ハンガリーが敗戦に向かっている痛みをフロイトに伝え、次のように言う。「ハンガリー人としての自我と並んで、ユダヤ人と精神分析家の自我を持つのは、素晴らしいことです。[政治的旧世界とハンガリー世界の崩壊という：筆者]それらの出来事に左右されないからです。」

一一月までの期間は、四年続いた大戦がようやく決着していく期間だった。しかし、ハンガリーの激動は、終戦で終わったわけではない。いや、それどころか、政治体制という意味では、旧帝政の中で戦われた大戦中より、戦後の政変こそが本当の激動であった[23]。

フェレンツィの手紙にもあるように、すでにオーストリア・ハンガリー帝国の命運は尽きているように思われた。しかし、カール一世は、この秋まだオーストリア元首の地位を保とうと考え、帝国の維持のために画策していた。ハンガリー政府も、その体制下で生き延びることを考えていた。

学会が軍関係者に及ぼした影響がすぐ形となって現れた。一〇月六日に、ブダペスト軍司令部の医師からの電話がフェレンツィにかかったのである。学会に参加していた医師である。彼は、陸軍省への報告書に、ブダペストに精神分析病棟を持つ組織を設立すべしという提言を書き終わったところだと言い、フェレンツィに助言を求めた。フェレンツィは、まず三〇床程度の小さな実験的病棟から始めるのが良いと答えた。そしてすぐに、有能なアシスタントが必要と加え、アイチンゴンとホローシュ(24)の名を挙げた。精神分析病棟の設立や、ブダペスト精神分析協会のさらなる組織化など、戦後の仕事が次々に見えてきた。

カール一世は、一〇月一六日に帝国内の各地域に自治権を与えながらオーストリア帝国を維持する案を提示したが、連合国側は受け入れなかった。ハンガリーの民主改革勢力を代表するミハーイ・カーロイは、早くからハンガリーの単独講和を主張していたが、この時下院で事態の深刻さを伝え、民主化を訴えた。多くの国民が彼を支持し、彼が結成した国民評議会が実質的な政権を握っていった。

しかし大戦終結を間近にしながらも、オーストリア軍が一方的に敗走していたわけではなく、一〇月二四日から一〇日間にわたって、イタリア前線で大規模なヴィットリオ・ヴェネトの戦いが行われていた。この戦いでオーストリア軍は五〇万以上の兵力を失い、同盟軍の敗北が決定的なものとなった。チェコスロバキア、クロアチア、ルーマニアなどが次々独立を宣言し、旧帝国は解体していった。フェレンツィは、一二日の手紙に「私は今、旧ハンガリーとの惜別を経験しています。私を襲う感情は、喪のそれに似ています。私が同一化してきたこの国の一部から自分を引き離すことをそれは意味します」と書いた。

イタリア戦線が崩壊した一〇月三〇日には、ついに、ブダペスト市街で兵士、労働者の大群がカーロイの率いる国民評議会を支持してデモ行進し、翌日、兵士や市民が市司令官本部を占拠、内閣は辞職、まだその帝位を手放していなかったカール一世がカーロイに組閣を命じた。こうして、カーロイの「独立と四八年党」を中心とした新連合政府が、武力闘争なしに成立した。「四八年」とは父ベルナートがミシュコルツに移住するきっかけを作った革命の年のことである。そのときハンガリー市民が願った民主化が、大戦の悲劇を通して実現しようとしていた。フェレンツィは、直後にフロイトに電報を打ち[25]、自身の無事と、ブダペストが平静を取り戻したことを伝えた。

しかし、他方で彼は、資産を持つユダヤ人への労働者の反感が地方で高まっていることを憂慮し、ハンガリー社会に動き始めている共産化の動きを警戒している[26]。ドイツ、フランス、イギリス、アメリカ、そして日本でもその動きは止められず、残虐と幼児化の時代に世界は直面していると書く。学会で語った「心」の尊重は期待できそうになかった。彼は、ボルシェビキによるロシア革命に幻想を持っていなかった。

栄華を誇ったハプスブルク帝国は消滅しつつあった。ついに一一月一一日に、同盟国とオーストリアの間に停戦協定が結ばれたのと同時に、カール一世は、国の形の決断を国民の手にゆだねる宣言を発し、シェーンブルク宮殿を出た。事実上オーストリア帝国が終焉した日である。

ハンガリーでは、一一月一六日に、首相カーロイがハンガリー民主共和国の成立を宣言し、翌年一月の選挙で初代大統領に選ばれるまでの政権確立プロセスが本格化する。ただし共和制に移行しても王制の廃止はされなかったため、王のいないままの王国が継続した。戦後体制確立の試みが続けられていくものの、戦後の混乱は継続していた。

フェレンツィは、政治的にいずれかの動きに参加することはしたことがなく、国会議員選挙で投票したこともなかった。しかし、ここで一つの決断をする。新たに設立された社会民主医師連盟に参加することにしたのである。そうした団体に入ることが、精神分析の発展に役立つという判断からである。精神分析に関心を持つブダペスト大学学生が学ぶ機会を求めており、フェレンツィに精神分析の講義を依頼するとともに、カーロイ政府にもフェレンツィを大学の教授に迎え入れる請願書を提出していた。大学で精神分析教育を行う可能性が見えてきたのだが、保守的、ブルジョア的なカーロイ政権下では結局実現に至らなかった。(27)

この時期フェレンツィは、軍医の務めから次々復帰した精神分析協会のメンバーの訓練分析を再開した。「精神分析のホームは確かにブダペストです。ウィーンではありません。あなたはここに引っ越すべきです」(28)と彼はフロイトに書いた。しかし、精神分析の未来に夢を描いて気分が高揚することもあれば、ハンガリーの政情の不安定が、フェレンツィを不安に陥れることもあった。

新政権を襲った苦難の一つは領土問題だった。カーロイは、旧体制の戦争政策を批判し、それと戦って政権を獲得したのだから、連合国側と友好的関係を築くことを目指し、また築くことが可能と期待した。ところがハンガリー周辺の諸地域の目論見は、この機に乗じて敗戦国ハンガリーから領土を獲得することだった。この複雑な関係の中で、新政権は旧政権の戦争責任を取らされ、多くの領土を失ってしまう。なかにはハンガリー人（マジャール民族）しか住まない地域も含まれていた。

一方、一一月後半に、ベーラ・クーンを核に、ハンガリー共産党が結成された。クーンは、ロシア革命に参加しレーニンと共に働いた経験を持ち、尊敬を集めていた。共産党は、領土問題への不満や経済の混乱に乗じて、民衆の支持を得て勢力を拡大した。共産党の伸長は、西側諸国の懸念を招き、カーロイはますます難しい舵取りを要求された。そしてカーロイは、翌年三月二一日、ついに政権を手放さざるを得なくなり、クーン率いる共産党が政権を獲得した。ハンガリー・ソヴィエト共和国の成立であった。この政変のニュースは、ヨーロッパ中に広がり、各国の労働者組織から祝福を受けた。

ブダペスト大学教授

共産政権樹立によって、社会のあらゆる部門で共産化が進められた。土地建物が公共化された関係で、フェレンツィはペスト地域のナジ・ティオーファ通りに転居した。分析治療を落ち着いて行える環境は失われた。医療機関の改組が進められ、分析家たちは共産政権によって管理される医療組織で働くことになった。

大学教員たちはすべて一旦職を解かれ、あらたな職命が与えられた。ゲザ・ローハイム[29]は四月始めにいち早く大学職を得て、講義を開始した。共産政権は、前年から懸案となっていた大学における精神分析教育実現のチャンスでもある。政権と強いパイプを持つシャーンドル・ラドが中心となってその実現に向けた交渉が行われた。フェレンツィは、ラドの動きによって精神分析があまりに政治化されることを懸念したが、五月を待たず、精神分析のフルタイム教授に任命された。[30]フェレンツィは、「公立かつフルタイムの精神分析！教授」と、「精神分析」を二重線で強調してフロイトに報告した。[31]これが世界初の精神分析の大学職であること、フェレンツィとフロイトにとってそれがどれだけ重要だったかを示している。

五月二五日にフェレンツィは、学生の力で創設されていた大学精神分析協会ではじめての講義を行った。大学の講義科目としては、六月一〇日がはじめての開講だった。運営を任されたサナトリウムを精神分析クリニックにする構想も彼にはあった。

しかし共産政権の行方は極めて不安定だった。共産政権樹立に反発するフランスと、その指示を受けたチェコスロバキアやルーマニアのハンガリー侵攻によって、新たな戦いの火蓋が切られた。いくたびもの優勢、非勢の波はあったものの、共産政権を包囲する連合諸大国の力には歯が立たず、八月一日にハンガリー・ソヴィエト共和国は崩壊した。

今彼の手紙を読む者には不思議としか見えないが、七月二六日の段階になお、フェレンツィは以前のような夏休暇の計画を持っており、バイエルンを含む旅の後、ウィーンにフロイトを訪ねたいという便りを送った。講義は八月初めに終わる予定だった。激動の時を経てフロイトに会えることを楽しみにし、「アウフ・ヴィーダーゼーン（会える日まで）」と手紙を締めくくった。

しかし直後の八月から、彼は、「地獄」に直面する。[32] ソヴィエト共和国の崩壊によって、大学職を解かれたばかりか、命の危機に直面したのである。ルーマニア軍がブダペストに入り、共産主義者たちは逮捕されるか逃走した。ミクローシュ・ホルティ提督が反共軍を組織し、分遣隊を組織して共産政権勢力を一掃しながらブダペストに向けて侵攻していった。ホルティ提督がブダペストに侵攻したのが一一月一六日、摂政の地位についたのは翌年三月一日だった。

「赤色テロル」の後に「白色テロル」が来た、とフェレンツィは言う。特に彼を恐れさせたのはハンガリーに潜んでいた反ユダヤ感情だった。ハンガリーのユダヤ人は、惨殺の危険にさらされていた。実際、ハンガリー全土で、共産政権に協力した多くのユダヤ人が処刑された。[33] そもそも第一次大戦は、ユダヤ人差別を、戦時下の要請という名目で顕在化させる機会になったのだが、[34] ハンガリーはその最悪の例となった。フェレンツィはこの突如噴出した反ユダヤ主義を次のように描写する。

「彼らは、間もなく、私たちがその中で育った幻想、つまり、私たちは、〈ユダヤに忠誠心を持つハンガリー人〉であるという幻想から目覚めさせてくれるだろう。」

父バルークがそれを求めてミシュコルツに居を定め、ユダヤ人同化政策によって維持されてきたアイデンティティは一気に崩壊した。アメリカに渡ったブリルの選択は正しかったのかもしれなかった。フェレンツィが父親から受け継いだ民主化への情熱が一時実を結ぶかに見えたが、その夢の命は短かった。

不幸中の幸いとしか言いようがないが、またホルティ将軍の侵攻の中でどう実現したのか不思議なくらいだが、八月の状況では考えられなかったウィーン訪問が九月二七日に実現した[35]。フロイト、ジョーンズ、ランクとともに、学会委員会を持つためである。華やかな学会から一年がたとうとしていた。大戦後初めてロンドンからウィーンを訪れたジョーンズは、「痩せこけた犬たちが投げた食べ物に群がる」[36]ウィーンの風景に衝撃を受けた。フェレンツィは彼に、ブダペストはもっと酷いと言った。フェレンツィはその場で、フロイトの勧めにしたがって会長職をジョーンズに譲らざるを得なかった。ブダペストはもはや、国際精神分析学会の本部を置けるような環境にないことが明らかだった。ブダペストで自身の臨床と著作に取り組む道を探ることが唯一の選択だった。ハンガリーの「精神分析にとっての最善は、すっかり引きこもって、雑音なしに働き続けること[37]」だったのである。

注

（1） psyalpha

（2） 大会前の過程に関する以下の記述は、主として次の文献による。Stanton, p. 19–22.

(3) この時期に、有名なフロイトの失神事件がミュンヘンで発生するが、フェレンツィはその場にいなかった。

(4) 『著作集2』p. 449.

(5) 『フロイト全集』一三、八八頁。

(6) 『往復書簡1』p. 550.

(7) 七月二六日付、アブラハム宛手紙。Falzeder, Ernst; Hermanns, Ludger (Hg.) Sigmund Freud / Karl Abraham. Briefwechsel 1907–1925. Wien, Berlin: Turia+Kant, 2010. Engl: Karnak Books, 2002.

(8) フロイト「シャーンドル・フェレンツィ追悼」、ジョーンズ『フロイトの生涯』竹友安彦・藤井治彦訳、紀伊國屋書店、一九九六年。Rachman, p. 27.

(9) 戦争神経症に関する以下の記述は、次の文献を参照。Ben Shephard, *A War of Nerves: Soldiers and Psychiatrists in the Twentieth Century*. Harvard University Press, Cambridge USA, 2001. 森茂起「DSM-Ⅲまでのトラウマ概念——「神経症」の時代」『トラウマティック・ストレス』七巻二号、一三一—一二三頁。

(10) この事情を記した文献は数多いが、次の拙著を参照。森茂起『トラウマの発見』講談社、二〇〇五年。

(11) たとえば第一次大戦後にドイツで製作された映画を、「シェルショック・シネマ」という名前で呼んで考察した論考が二〇一一年に出版されている。Anton Kaes, *Shell Shock Cinema: Weimar Culture and the Wounds of War*. Princeton University Press, 2011.

(12) William Halse Rivers (1864–1922) イギリスの人類学者、神経学者、精神医学者。第一次大戦で負傷した詩人ジークフリート・サスーン Siegfried Sassoon の治療で有名。

(13) 一九一五年一二月二二日。『往復書簡2』p. 50. Stanton, p. 25.

(14) Two types of war neuroses.『著作集2』p. 124–141.

(15) フェレンツィを「自らの思想のもっともふさわしい相続人と認めた。」『日記』二六八頁。
(16) psyalpha. Kongresse 1908-1918.
(17) Anton von Freund (1880-1920)
(18) Die Psychoanalyse der Kriegsneurosen. Ferenczi *Bausteine zur Psychoanalyse*. III. Band, Verlag Hans Huber, Bern, 1939, p. 95-118.
(19) 『フロイト全集』一六、九三―一〇四頁。
(20) psyalpha. Kongresse 1908-1918.
(21) Internationaler Psychoanalytischer Verlag.
(22) ピーター・ゲイ『フロイト2』鈴木晶訳、みすず書房、二〇〇四年、四三七頁。
(23) 以下の政治的変動に関する記述は、主として次の文献の一四八―一八九頁に基づく。パムレーニ・エルヴィン編『ハンガリー史2』田代文雄・鹿島正裕訳、恒文社、一九八〇年。
(24) イシュトヴァーン・ホローシュ István Hollós は、ブダペスト精神分析協会の副会長を務めていた有力な精神科医で、文学者でもあった。第二次大戦のユダヤ人迫害を銃殺直前で危うく免れるほどのきわどい体験を通して生き延び、第二次大戦後の共産政権下においても精神分析の火を保った数少ない分析家の一人である。
(25) この電報は失われたが、電報を受け取ったフロイトの一一月三日付の手紙がある。『往復書簡2』p. 306.
(26) 一一月七日付。『往復書簡2』p. 308.
(27) Ferenc Eros, Some social and political issues related to Ferenczi and the Hungarian school. Judit Szekacs-Weisz & Tom Keve (Eds) *Ferenczi and His World: Rekindling the Spirit of the Budapest School*. Karnac Books, 2012, p. 39-53.
(28) 一一月二四日付。『往復書簡2』p. 314.

(29) Geza Roheim（1891-1953）民族学を専攻し「精神分析的人類学」を提唱した。
(30) 四月二九日、五月二三日付。『往復書簡2』p. 353, 357. これらの手紙によれば、当時のラドの動きは目覚しく、また危ない橋を渡る面もあったようである。
(31) 『往復書簡2』p. 357.
(32) 八月二八日付『往復書簡2』p. 365-366.
(33) ホルティ提督が命じた分遣隊は、「ソヴィエト共和国下に公職を務めた者、共産主義者、革命に参加した労働者・農民を捕え、拷問し虐殺した。（中略）流血の犠牲者の中では、ユダヤ人がとりわけ多かった。放逸な反ユダヤ主義が反革命テロルと結び付き、中世を思わせる大虐殺《ポグロム》を演じさせたのである。」『ハンガリー史2』一八五頁。この状況からすると、共産政権下で教授職についたユダヤ人のフェレンツィが処刑あるいは投獄される危険は十分あった。ただ、こうしたテロルが主として発生したのが、分遣隊が暴力をほしいままにした農村地域であったこと、戦勝国がテロルを早く終わらせ民主的政府を形成しようとしたことなどの事情から、ブダペストのフェレンツィに直接の暴力が及ぶまでに至らなかったと思われる。
(34) ドイツにおけるそれは、次の小説に詳細に描かれている。Avi Primor *Süß und Ehrenvoll.* Bastei Lübbe, Köln, 2013.
(35) Stanton, p. 30.
(36) ジョーンズ『フロイトの生涯』前掲注（8）
(37) 注（28）手紙。

第五章　バーデン・バーデン一九二一——クリスマスの手紙

温泉町

一九二一年一二月二五日、クリスマスの日に、フェレンツィは、ゲオルク・グロデック[1]に宛てた長文の手紙を書いた。グロデックは、ドイツのバーデン・バーデンでサナトリウムを開業する医師である。

フェレンツィは、この夏、はじめてグロデックのサナトリウムを訪問し、滞在した。手紙は、この夏の滞在を踏まえたものである。その後の交友を通じて数多く残されているグロデック宛の手紙の中でも、突出して長く、かつ驚くべき内容を含む手紙である。

バーデン・バーデンはドイツ南西部のバーデン・ヴュルテンブルク州にある小さな温泉町である。バーデンはバート Bad の複数形で、風呂、温泉、プールを意味する。温かくても冷たくても Bad である。日本語で言うなら、むしろ「浴」という字を思い浮かべるほうが意味の全体に近いかもしれない。バーデンという名前の付く場所は、古くから温泉の湧く土地である。ドイツ南部には温泉地が多数あり、バーデンあるいはバートという言葉を持つ都市がいくつもある。イギリスに温泉は少ないが、イギリス南部にBath（バース）という名の町がある。

温泉では、ドイツよりフェレンツィの祖国ハンガリーのほうが有名で、ブダペストにも、フェレンツィの生地、ミシュコルツにも温泉がある。ブダペスト大会で宿舎となったホテル・ゲッレールトは、温泉施設に付属するホテルだった。日本の温泉は熱いところが多いのでそれほど長くは浸かれないが、ドイツやハンガリーでは、温水プールのような感覚でゆっくりと浸り、水辺でチェスを楽しんだりする。温泉の話は、フェレンツィの生涯にも精神分析にも関係がなさそうに見えるかもしれない。しかし、少し視野を広げると、決して無関係ではない。フェレンツィに師事して、フェレンツィの死後、フェレンツィの遺産相続人の立場で活躍したマイケル・バリントが、温泉の治療効果を分析的に理解する試みをしているくらいである。温泉の効果は、血行促進、抗菌作用をはじめ、成分によってさまざまの作用があるが、心理的作用も大きいに違いない。そもそも、温泉地を訪れる人々が抱える病や症状には、心理的要因が関わるものが多かったと思われる。現在であれば「ストレス」と呼ばれるような生活上の問題から症状を発し、「湯治」の効果に希望を託して温泉地を訪れるのである。

図7　グロデックのサナトリウム
（出典）グロデック書簡

温泉地だけに、バーデン・バーデンには数々の宿泊施設がある。最大のクアハウスには、カジノが並置されて賑わっている。立派なホテルが立ち並ぶ中、あまり目立たないが、山の斜面にホテル・アニフがある。日本から訪れる人があったとしても、それほど魅力を感じることもないであろう小規模なホテルである。それこそが、かつてグロデックがサナトリウムとして建てた建物である。

フェレンツィが夏にこのサナトリウムを訪問した目的は、表向きは、グロデックの治療実践を見せてもらうことにあった。しかし彼は、密かに、「身体疾患の精神分析的治療」を謳うグロデックの治療を受けてみたいと考えていた。フェレンツィ自身、長年にわたる心身の不調を抱えていたからである。

無事滞在が終わってブダペストに戻ると、普通であれば出すはずの礼状も送らず、フェレンツィはしばらく沈黙を守った。そして、突然書いたのがこのクリスマスの日の手紙であった。

告白

手紙冒頭にフェレンツィは、「親愛なる友へ Lieber Freund」と書く。それまで使っていた敬称をこの手紙からやめたのである。三カ月間の沈黙の間、フェレンツィは、それまで一度も経験したことのない感情を体験していた。

フェレンツィは、「打ち明けますと、この話をするまでに、ある程度の――おそらく決して小さくない――乗り越えが必要でした」といきなり切り出す。自分にはよそよそしい秘密主義があり、自分の感情を親しい友人にも隠す傾向があるといった前置きのあと、その理由は母親の養育にあると告白する。

「私が注目を求めすぎたのだろうか。それとも、母が厳しすぎたのだろうか。母の子どもは、一一人が育ち、うち私が八番目だった。覚えている限り、子ども時代の私は、彼女から十分な愛を受けることは一切なく、与えられたのは厳しさばかりだった。思い出すと感傷的になりますが、私の家族にハグとか体に寄りそうとかいったものは一度たりともありませんでした。[2]」

母から受けた、思いを内に秘めておくのが良いという教えに由来する秘密主義を打ち破りたいという思いがフェレンツィにこの手紙を書かせていた。

赤裸々な告白はさらに続く。彼は家庭と母親の影響下で、学校ですこぶる優秀な生徒になった一方で、隠れて自慰を繰り返すようになった。決してみだらな言葉遣いはしない礼儀正しい青年でありながら、盗んだ金で売春婦を訪れるようになった。母親にありのままの姿を見せようと試みたこともあったが、母親から返ってきたものは、ほしい援助ではなく、道徳の説教だった。

こうした告白に続いて、フェレンツィは打ち明ける。こうした今までの経験からすると信じられないことだが、自分は「あなたの取り繕うことのない振る舞い、あなたの自然な親切と友情にすっかり魅了されてしまいました」と。ここでフェレンツィは面白い文を付け加えている。「私は他の人とあれほどまで心を開いたことがありません。『魅了される』という単語のスペルを間違わせた、〈ジークムント Siegmund〉とさえありません」とフロイトとグロデックを比べるのである。

言い間違い、書き間違いなどの失策行為に注目してあれこれ考えるのは、フロイトが『日常生活の精神分析』を発表して以来の分析家のくせといってもいいものである。ここで言うスペルの間違いとは、「すっかり魅了されてしまった」という部分のことである。「魅了された Besiegt」と書くべきところ、彼は、Besigt と書いてしまい、e を上から挿入して直していた。この間違いが、ジークムント Sigmund というフロイトの名前に引きずられたからだ、それほど自分はフロイトに囚われていると告白しているのである。

ここからフロイトへの愚痴が続く。フロイトから分析を受けた第一次大戦中の休暇でも、彼はフロイトの偉大さの前で委縮し、隠すことなく心を開いたことは一度もない。イタリア旅行で滞在したパレルモで、フロイトに頼まれてシュレーバー手記の分析を共同で行おうとした。ところが、自身の考えを伝えようとしても、フロイトは自分の考えを長々話すばかりである。フェレンツィはついに爆発して、「こんなのは共同作業ではない、私に説教しているだけだ」と叫んでしまった。その後は、フロイトは自分だけで分析に取り組み、フェレンツィは惨めな気持ちで一人過ごすことになってしまった。そのときの喉を締め付けられる感覚は、フロイトに愛されたかった無意識の感情を表していると自己分析する。

フロイトへの愚痴は、代わりにグロデックに分析家の役割を担ってもらいたいという意味でもある。「今ここで私は、あなたに〈誕生から ab obo〉の私の物語を語りたい」と迫られたグロデックは、さぞかし驚き、戸惑ったことであろう。

グロデック

ではそこまでの思いをフェレンツィが向けたグロデックとはどういう人物なのだろうか。

グロデックは、一八六六年一〇月一三日に五番目の子どもとしてバート・ケーゼンで生まれた。乳母によって育てられ、なぜか九歳まで女の子の格好をしていたという。一八八九年に医師資格を取得した後、一九〇〇年に、バーデン・バーデンにサナトリウムを開業した。彼は、早くから旺盛な著作家で、医学論文だけでなく、思想書や小説も著していた。一九一三年には、彼の造語として有名な、「ナサメク－健康と病の一般入門」という講演を行った。[3]「ナサメク」とは、「自然が癒し医師は見守る」という意味のラテン語、natura sanat, medicus curat の頭文字をとったもので、グロデックの思想を表わしている。同年、患者から教えられてフロイトの著作を知り、『日常生活の精神病理』『夢解釈』を読んだ。感銘を受けたが、間もなくはじまった第一次大戦が、それ以上フロイトに接近することを阻んだ。大戦がはじまると彼は赤十字病院で兵士の治療にあたったが、兵士の治療が兵士を前線に送り返すことに終わるのに悩み、職を退いた。戦争における治療のジレンマを早く自覚した医師だった。

サナトリウムで患者の診療をする傍ら、治療方法や、心身の健康について理解を深めさせるため、自分の思想を患者に伝える講義をはじめた。講義では、フロイトの影響を受けてであろう、一九一七年頃から、自身の夢を題材にするようになっていた。同年五月、グロデックは、はじめてフロイトへの手紙を書く。[4]その手紙の中で彼は、「エス」という概念について説明している。「エス」の概念は、彼が一九〇九年に出版したエッセイ集『神なる自然へ向けて』の中ですでに萌芽的に登場しているので、[5]フロイトに手紙を書いた年には、すでに十分成熟した概念だった。フロイトもまた、「エス」を「自我」「超自我」と並ぶ用語として後に用いるのだが、この時点ではまだ使ったことがなかった。後に、グロデックは「エス」の思想をさらに展開し、代表的著作として知られる『エスの本』を一九二三年に著すことになる。

図8　ゲオルグ・グロデック

フロイトは、返信で、身体疾患への分析治療というグロデックの仕事に大いに関心を示し、グロデックを精神分析運動の中に引き入れようとする。[6]と同時に、そのような仕事はすでにフェレンツィが発表していると言いながら、一方で歓迎しながら、グロデックの議論はまだ素朴なものだと批判も加えた。

フロイトとの文通をふまえグロデックは、「身体疾患に対する精神の関与と精神分析療法」[7]と題するはじめての精神分析的論文を執筆した。グロデックはここで、腫瘍、炎症、生得的変異などの純粋に器質的な疾患が、無意識が感じ取っているものに対する抵抗として発生するという学説を展開した。フェレンツィはこの論文の書評を書き、[8]器質疾患に分析を適用した初めての試みであると賞賛した。

グロデックは、さらに野心的な、精神分析的小説とでも言うべき『トマス・ヴェルトライン』を著す。彼は、医師である前に、ゲーテやニーチェに深い関心を持つ文芸家で、医学を扱うときも、自然科学的よりは文学的な論述形式を取るのが常であった。この作品は、戦後、タイトルを『魂の探究者』[9]に変えて出版された。

ハーグ大会

こうしてグロデックは、身体疾患の分析的治療という新しいテーマを携えて精神分析のサークルに近づいていった。しかし、世界大戦のさなかにあって、平時であれば当然実現したであろう、フロイト訪問や、学会での議論といった機会がなく、著作や手紙を通してのやり取りだけが続いていたのである。

直接の出会いが実現したのは、一九二〇年九月にオランダのハーグで開催された第六回国際精神分析会議[10]のことである。クリスマスの手紙の前年で、大戦末期のブダペスト大会から二年後であった。この大会には、五八名の会員、五名の英国協会会員、五六名のゲストが参加し、国際会議が始まって以来最大の規模となった。

ハンガリーの状況から会長職を退かざるを得なかったフェレンツィだが、国際学会における地位が揺らぐことはなく、この大会では大会長を務めた。ホルティ政権下で公職に就くのは難しかったものの、国際的な学会活動を妨げるほどの干渉を受けたわけではない。文通による国際的交流や学会参加も可能であった。その意味では、いっときの絶望的状況は脱していた。「地獄」を経た「新たな始まり」[11]にふさわしい大会であった。

大会長のフェレンツィは、当然のことながらグロデックと会ったはずである。グロデックはフェレンツィの書評を読んでいたに違いないので、なんらかの会話が交わされたであろう。ただ、大会中のグロデックとの交流は伝わっていない。

この学会でフェレンツィは、「精神分析における積極技法の発展」、グロデックは、「器質疾患の精神分析的治療について」を発表した。その他、フロイト、カール・アブラハム、ヘレーネ・ドイッチュ、ハンス・ザックス、テオドール・ライク、ゲザ・ローハイムなど、精神分析学史に名前を残す分析家たちが発表した。ユングとの関係で知られるザビーナ・シュピールライン[12]も発表した。ヘルミーネ・フーク＝ヘルマスの「児童分析技法について」は、この種の実践の先駆的な発表だった。フロイトは前回に続き娘アンナを伴って参加したが、彼女はまだ分析家ではなく、ゲスト扱いだった。

この学会でフェレンツィが発表した「積極技法」は、治療者が中立性を保ちながら患者の自由連想を促していく精神分析の標準技法に、積極的な技法を加えようとするものである。治療者の中立性と自由連想という標準技法は、患者の欲望を満足させることをしない禁欲原則と結びついている。欲望を満足させないことで、無意識下の欲望が連想の形をとって現れる、その連想に分析を加えることで欲望を理解していくことができるという考え方である。しかしフェレンツィは、標準的な禁欲によって連想が生まれるには時間を要し、治療が長期化するため、より連想を促進させる方法はないものかと考えた。そして思いついたのが、禁欲をさらに強めて欲望に圧力をかける技法である。例えば、食事をしない、セックスをしないなどを患者に求めるのである。

フェレンツィは、治療技法に常に関心があり、治療を早くかつ深く進める方法はないものかと考え続けていた。その一つの結果がこの積極技法である。フロイトの技法を受け入れ、試す段階から、治療技法を自ら改革する時代が始まっていた。

サナトリウム訪問

ハーグ学会から半年以上が経過した一九二一年四月二六日、フェレンツィははじめてグロデックに手紙を書いた。グロデックに患者を紹介するためである。スペイン風邪の後遺症で下肢麻痺などを悩む一七歳の少女を紹介したものである。癇癪などの精神症状も示しており、身体的、心理的の両面からの治療が必要と考えたからである。

この時期にフェレンツィは、グロデックの『魂の探究者』の書評を『イマーゴ』誌に書くことになった。休暇で滞在していたドイツのガルミッシュ・パルタイキルヒェンから出した八月一七日付の手紙で、その書評のことに触れた後、「あなたがどのようにして精神分析を身体疾患に適用しているか」に身近に接したいのでサナトリウムに滞在させてほしいと申し出た。二年間に結婚したギゼラを伴い、保養を兼ねた旅行である。

実は、グロデックはこの年、バーデン・バーデンに滞在するようフロイトを誘っていたが、実現していなかった。フェレンツィの提案は、まるでフロイトの代わりに私がと言っているようでもある。フェレンツィの滞在直後に連名でグロデックに宛てたはがきに、フロイトは「(私の)身代わりを喜んで下さったことを望みます」と書き、フェレンツィは下に「どうでしたか?」と加えた。フロイトへの招待と言い、このはがきと言い、この頃グロデックは精神分析にぐっと接近していた。

フェレンツィがサナトリウムでどんな治療を受けたのか確かめることはできない。おそらくはグロデックの通常の治療技法に沿ったものだったろう。熱い風呂への入浴、グロデック自身による独特のマッサージ、厳格な食餌療法、呼吸法やエクササイズなどを毎日厳格なスケジュールに従って行うのが通常のコースだった。患者から冗談で「サタナリウム」[13]と呼ばれるほどきつい部分もあった。サタン(=悪魔)とかけた言葉である。ただ、グロデックは彼の直感にもとづいて柔軟に方法を選択し、「神経症を訴える患者には身体治療を、身体症状を訴える患者には心理分析を提供した」とも言われる。フェレンツィにも直観に従って方法を選んだことだろう。どんな方法を取っても、患者に深い安心を与えるのがグロデックだった。

フェレンツィは、彼の治療で症状が改善するのを経験するとともに、[14]人間としてグロデックを深く信頼した。それも、今まで体験したことのない信頼である。サナトリウムを出発するときには、「どんなに温かい友情をあなたに感じているか伝えずにはおれません!」と書いたカードを残した。[15]ここにグロデックは、友人であるとともにフェレンツィの主治医になった。フェレンツィの死の前年までほとんど毎年続いたバーデン・バーデンでの保養と治療の始まりであった。

クリスマスの手紙は、その年の暮に書かれた。フェレンツィにとってグロデックとの出会いは、フロイトに代わる、自らを全面的に委ねることのできる対象との出会いだった。フロイトの身代わりという言葉は、フェレンツィにとって、グロデックにこそふさわしいものだった。

こうしてみると、グロデックが誰とでも腹を割って話す、温かな人物であったように見えるが、それは間違いである。「貴族的な態度を崩さず、庶民には近寄りがたい雰囲気のある人物[16]」がむしろ一般的なグロデックの人物評だった。グロデックがフェレンツィの中核に迫っていくことができたのは、むしろ彼の一匹狼的な性質に由来するのだろう。フェレンツィの習いとなっていた、人に気に入られようとする努力、常に自らの否定的感情を抑圧して人間関係の調整役をつとめる傾向などに、グロデックは動かされなかったに違いない。フェレンツィは、グロデックの前に立つと、普段の気遣いをはぎ取られる思いをしたのではないだろうか。

しかし、サナトリウムで和らいだとはいえ、心身の症状は続いていた。「クリスマスの手紙」の続きには、彼を悩ます症状が書かれる。一つの困った症状は、秀逸なアイデアを思いついていざ論文にとりかかると、書けなくなってしまうことだった。アイデアを分析家仲間に話すまではいいのだが、いざ書こうとすると、痛みをはじめさまざまの症状に襲われる。ウィーンに滞在中のアメリカの医師たちが講義を依頼してきたが、講義原稿の準備もまだできていないとフェレンツィはこぼす。

ちなみに、ここに登場するアメリカの医師たちとは、精神分析を学ぶためにウィーンに長期滞在していたアメリカ人たちのことである。彼の地では、講演旅行の成功以来、ホール、パトナム、ブリルなどの力によって精神分析への関心が広がっていたが、第一次大戦が大陸間交流を困難にし、国際化の機運が途絶えていた。しかし、平和が訪れ、ウィーン訪問が可能になると、分析家を目指すアメリカ人がウィーンを訪れるようになった。[17]

ただし、精神分析をウィーンで学ぶと言えば本格的訓練のように聞こえるが、その実態は、フロイトに受ける分析がすべてであった。今の目から見ると不思議なことだが、当時の分析家訓練は、個人分析がすべてであって、講義やスーパービジョンもまだ存在しなかった。また、訓練以外のウィーン体験も決して充実したものではなかった。なぜなら、ウィーンの分析家サークルも、もっと広く言えばウィーン社会全体も、アメリカ人に対して閉鎖的だったからである。かつて国際化が議論されたときに障壁となったウィーンの閉鎖性は変わっていなかった。せっかくウィーンに滞在しているのに分析家たちと交流ができないアメリカ人らは、自分たちで集まって時間を過ごすしかなかった。そこで、自分たちで分析家を招待して講義コースを開催するアイデアが生まれた、ウィーン在住の分析家を中心とする講義シリーズが企画され、フェレンツィの講義は、翌年一月六日に決っていた。これは分析家訓練のために行われたはじめての講義だったのである。

ギゼラとエルマ

手紙の症状の訴えはまだ続く、特に夜はフェレンツィにとって苦しいものだった。悪寒、胸部の痛みなどの症状とともに、死が迫ってくるかのような恐怖に襲われて目が覚めることがしばしばあった。

症状を伝えた後、フェレンツィの筆は、自覚している重大な問題にいよいよ向かっていく。それは、妻ギゼラに対する性的不満であった。フェレンツィは言う。

「私は、性的欲求不満について、彼女の娘に対する抑制された愛について、ギゼラに語りました。（その娘は、実際、フロイトのいささか捨てばちの忠告が、彼女への愛とあらゆる手を尽くして戦わせるよう私を駆り立てるまでは——実質的に私からその娘を引き剝がすまでは、私の妻だったはずだ。）」

フェレンツィは、ギゼラの娘、エルマを愛していた。[18]そして、母と娘を同時に愛する三角関係のこんな秘められた感情を、ギゼラに語り、ギゼラはまたそれを受け入れて、フェレンツィを慰めるのだった。それにしても、フェレンツィとギゼラは、この手紙に描かれるような状況に、どのように至ったのだろうか。そしてフロイトはそこにどう関わっていたのだろうか。主として医師として分析家としてのフェレンツィを語ってきたこれまでの物語から省かれていた、ギゼラとの出会いからここに至るまでの経過を見てみよう。

ギゼラがフェレンツィの人生に登場したのは、はるか年月を遡り、彼がギムナジウムの学生のころで、ギゼラは母ローザの知人の娘だった。そのころのフェレンツィにとって彼女は、すでに婚約中の年長の女性に過ぎず、愛の対象となることなど考えられなかった。ギゼラは、予定どおり、ゲーザ・パローシュ[19]と結婚し、ミシュコルツに住んだ。

フェレンツィがギゼラに異性としての関心を持ち始めたのは、一九〇〇年と言われている。[20]フェレンツィは二七歳、ギゼラは三五歳だった。ギゼラにはすでに二人の娘、エルマとマグダがあった。フェレンツィの彼女への感情は、恋に発展し、ギゼラもそれを受け入れるようになる。フェレンツィがフロイトと出会い、分析家となっていく過程で、この関係は続いていくが、その詳しい経過は伝えられていない。そこには厳しい葛藤があったことであろうが、娘エルマによれば、夫パローシュはこの不倫関係を基本的に認めていたという。二人はやがて、実質的なカップルとなり、休暇も共に過ごすようになった。フェレンツィが精神分析の世界に入ると、フェレンツィは一九一〇年頃からギゼラの分析を行った。親しい間柄の相手への分析は、今日では倫理的に不適切とみなされるが、当時は決してまれではなかった。とはいえ、不倫に悩んでいるであろうギゼラを、不倫相手のフェレンツィが分析するとなると話が違う。そんなことをして大丈夫なのかと思わざるを得ない。

　これだけでも簡単な話ではないが、そこにもう一つの錯綜要因が加わる。エルマとの関係である。ギゼラは、自身の分析が終わると、娘エルマの分析治療をフェレンツィに依頼した。一九一一年の七月一四日に、彼は、エルマの分析治療を始めたことをフロイトに書いた。エルマの問題が何であったかは判然としないが、状況が深刻であったことが文面からうかがえる。のちの経過を考えると、エルマは恋人との関係で問題を抱えていた可能性がある。

図９　エルマ
（出典）グロデック書簡

　この治療関係の中でフェレンツィは、エルマに激しく恋をしてしまう。最初は、フェレンツィの支えを強く必要としているエルマに対する治療者としての感情であった。その感情は、分析を始めてそれほど経たない間に起こった恋人の自殺でエルマが極めて不安定になったことで強まった。しかし、治療者としての感情は、次第に私的な感情に移り、フェレンツィもその感情を抑えられないことを認めざるをえなくなった。いくぶん代理母の役割にあったギゼラでは満たされない、「若くて美しい」[21]エルマに対する恋であったろう。この恋心が抗い難いものになった時、フェレンツィはフロイトに打ち明けて相談し、エルマの治療を引き受けて欲しいという。[22]フロイトは、一旦エルマの治療を引き受けるが、再びフェレンツィが治療をすることになるという経過をたどる。始まりが不倫という三角関係であったところに、エルマが入って別の三角関係になり、そこにフロイトが介入し、ますますややこしい関係になっていく。

三角、四角関係は、幾重にも折れ曲がった道筋をたどり、ギゼラは自分が身を引いてエルマにフェレンツィを譲ることも覚悟した。実際のところ、不倫の内状を知らない人から見れば、フェレンツィが知り合いの娘のエルマと結婚する事実だけが残るのだから、三角関係、四角関係が一気にすっきりする。実際、それでよかったのかもしれない。

ところがここで、フロイトがエルマとの結婚に断固として反対する。一つはギゼラと会っていたフロイトが彼女のことをフェレンツィの伴侶として理想的と考えていたことが理由だが、もう一つのさらに重要な理由は治療者の倫理からの反対だった。患者と恋愛関係に陥ることに、フロイトは絶対反対だったのである。

三〇年も前に遡るが、フロイトは、はじめて「お話療法」が試みられた患者、アンナ・O（実名、ベルタ・パッペンハイム）と医師ブロイアーとの間に起きた恋愛問題に強い印象を受けていた。[23]アンナから恋愛感情を向けられたブロイアーは、自らの結婚生活を守るために、アンナの治療を強引に中止して逃げてしまう。アンナにとってひどい見捨てられ体験になったであろう。その時以来、治療者と患者が深い情緒的交流を行う精神分析では、同様の問題が起こる危険が常にあることをフロイトは理解していた。

フロイトは、自らも恋愛感情を向けられる治療例を経験する中で、患者が分析家に向ける無意識に由来する感情に、「転移」感情という名を与えた。(24)そして、その転移現象の分析を通して患者の無意識を明らかにすることができると考え、転移分析という方法論を確立した。しかし、そうした理解が進みながらも、分析家が実際に一線を超えてしまう例に、しばしば遭遇した。

たとえばユングは、患者のザビーネ・シュピールラインと性関係を持ち、妻のエンマ・ユングを苦しめ、フロイトは、悩んだエンマから相談を受けた。フロイトと袂を分かってからの話だが、ユングはシュピールラインとの関係を絶ってからも、別の患者のトニー・ウルフとまたしても性関係に入る。その他、タウスク、ライヒらも同様の問題を起こしていた。患者との性関係は、言わば、精神分析の喉に刺さった骨として、常にフロイトを悩ませたのである。

そのフロイトからして、フェレンツィがエルマに向ける感情は許すことができなかった。結局、フェレンツィはフロイトの忠告に屈し、エルマは、フェレンツィと別れることになる。一九一三年には、ヘルヴェ・ローヴィク(25)というブダペストに滞在していたスウェーデン系アメリカ人と出会い、結婚を申し込まれた。しばらくの交際期間を経て、彼女は結婚しアメリカにわたった。

フェレンツィ、ギゼラ、エルマの三角関係のドラマはこうして幕を閉じたかに見えた。しかし、このドラマにはもう一幕があった。エルマの結婚が破局を迎え、一九一八年に帰国したからである。(26)その間に、フェレンツィは、ギゼラとの結婚を決意し、ギゼラにプロポーズし、フロイトもそれを喜んでいたが、今度はギゼラの方がためらい始めた。エルマとフェレンツィの結婚の可能性が復活したからである。国際精神分析会議ブダペスト大会の開催と並行して、こんな事態が進行していたのである。

図10　ギゼラとフェレンツィ
（出典）グロデック書簡

結婚

結局ギゼラは、フェレンツィのプロポーズを受け入れた。残る問題は、ギゼラの夫、ゲーザ・パローシュであった。彼は、二人の関係は認めていたものの、離婚だけは長い間受け入れなかった。そのパローシュがついに離婚を受け入れ、簡単ではない離婚手続きが終わり、ついに二人の結婚式が行われたのが、共産政権化で教授就任が決った頃、一九一九年五月一日だった。ギゼラは五四歳、フェレンツィは四六歳だった。そして、この長く続いた三角関係を象徴するような悲劇が、結婚式当日に訪れた。その当日にゲーザが心臓発作[27]で亡くなったのである。この知らせを式場のタウンホールに入る直前に聞いた二人はどんな思いであったろうか。結婚の未来が容易ではないものになることを予感したかもしれない。神秘的力に惹かれがちのフェレンツィが、そこに偶然ではない意味を感じ取ったとしても不思議ではない。

ギゼラとフェレンツィは揺るがない愛情で結ばれていたものの、それでもエルマへの思いにフェレンツィは悩まされ続けた。そこには、一つの大きな苦悩が重なっていた。次の文がそれを表している。

「この症状（書くことの制止）を考える時、私の脳裏に浮かぶこと。その仕事は書くに値しない。私が世界に『提供する』ことを保証しないこの世界から私が得るものは何もない。」

この持って回った表現の後、こうした分析的な考察に辟易した彼は、次の率直な言葉を吐く。

「私、私の〝エス〟は、分析的解釈には興味がない、それが欲しがるのは、現実の何か、若い妻、子ども！だ。」

彼の若いエルマへの思いの中核には、子どもへの欲求があった。そして別れを強いたフロイトへの怒りがあらためてこみ上げるのだった。

それにしても、年長のギゼラと結婚して、子どもを持てないことを嘆き、それをギゼラ自身に訴え、「だってフロイトがエルマと結婚させてくれなかったから」と怒りをフロイトに向ける、というフェレンツィの感情、行動に、なんと子どもっぽいと感じる人は多いだろう。実際、自身の「幼児性」を彼は自覚していた。

フェレンツィの「幼児性」は、特に愛情関係において、確かに人間関係上の悲劇を生み出した。その悲劇の跡はフェレンツィの家族に長く残ったという。しかし他方で、彼の「子ども性」こそが、出来事を子どもの視線から見ることを可能にし、多くの発見をもたらした。「父」の立場を取り続けたフロイトと、「息子」あるいは「子ども」の立場を取り続けたフェレンツィという対照は、両者の仕事のあらゆる箇所を彩っている。

ギゼラは、フェレンツィのこのような幼児性も、葛藤も、すべて理解し受け入れる、しかも深い理解を伴って受け入れようとする女性であった。そのギゼラもグロデックに深い信頼を置き、二人は、毎年バーデン・バーデンを訪れるようになった。

一九二二年以降も、フェレンツィとグロデックは、多くの手紙を交わした。しかし、クリスマスの手紙ほど長い手紙は二度と書かれなかった。フェレンツィにとって、日常的な交流と、休暇ごとに訪れるバーデン・バーデンでの保養と治療、グロデックとの友情の交歓が、人生の欠かせない一部となったのである。

「エス」の優先権

グロデックと精神分析との関わりには、この直後に一つの問題が生じる。それは、「エス」という概念の優先権をめぐるフロイトとの対立である。

グロデックは、心身相関に注目し、身体疾患への精神分析療法を試みてきたが、さらに理論を拡張し、むしろ心身を一体のものと捉え、心身全体の中核の存在を「エス」と呼んだ。その思想を彼は、『エスの本』[28]として発表する。ときを同じくして、フロイトも、「自我とエス」という論文を書いて「エス」を精神分析の概念に取り入れた。後期フロイトの基本概念となる重要な概念である。しかし、フロイトはその論文で、グロデックの名に触れなかった。自分の仕事を無視されたと感じたグロデックは、強い不満をフロイトに伝える。

グロデックはすでにこの言葉を先の論文で使っており、さらには、フロイトとその概念について議論もしていた。フロイトも、「意識」、「前意識」、「無意識」というそれまでの局所論に「エス」を組み込んだ自分の構想を手紙に図示して、グロデックの意見を仰いでいた。フロイトのほうから、ぜひ一度直接会って話がしたいとの打診までしていた。

「エス」の概念の優先権がグロデックにあるのは明らかだった。しかし、フロイトは、両者の使う「エス」が異なった意味であることを理由に、正式に謝罪することなく、エスは精神分析用語として定着していく。その経過は、グロデックにとって大いに不本意であった。

この出来事は、グロデックを精神分析から遠ざけることになった。しかし、グロデックが精神分析のサークルに一定以上近づかなかった理由はそれだけではないだろう。考えてみれば、グロデックがフロイトと交流し始めたとき、彼はすでに四九歳であり、サナトリウムも著作も持つ地位の確立した医師であった。精神分析サークルとの交流は、彼の追求する心理療法の説明概念を提供してくれる限りで実り豊かだったが、そのサークルに入るか外に留まるか、といった党派的な姿勢に彼は関心がなかった。彼が精神分析の枠には収まらない心理療法、心身治療を目指していたことは明らかである。

独立独歩の実践家であった彼にとって、党派的な姿勢を示す分析家たちを敬遠しつつ、個人的な友情を分析家たちと発展させることに、何の矛盾もなかった。エスの概念をめぐる確執があった後も、フロイトへの敬意を失ったわけではなく、機会あるごとにそれを表明していた。こうしたグロデックの姿勢が、精神分析家たちやフロイトとの関係に問題をはらんだときに、かけがえのない避難所をフェレンツィに提供し続けたのである。

注

（1）Georg Groddeck（1866–1934）

（2）『グロデック書簡』p. 7–8.

（3）ハンス・ヨアヒム・クナウプ「『エス』の圏域——ゲオルク・グロデックの精神風景と社会的影響」慶

慶應義塾大学日吉紀要 ドイツ語学・文学、四四、二〇〇八年、一〇頁。

(4) この点を含め、以下の記述は、以下の文献の野間の解説による。ゲオルグ・グロデック『エスとの対話——心身の無意識と癒し』野間俊一訳、新曜社、二〇〇二年、一三—一七頁。

(5) 同右、三〇二頁。

(6) Rachman, p. 78-79.

(7) Psychische Bedingheit und psychoanalytische behandlung organischer Leiden. S. Hirzel, Leipzig, 1917.

(8) Review of 'Die psychische Bedingheit und psychoanalytischer Behandlung organischer Leiden'『著作集3』p. 342-343.

(9) *Der Seelensucher: Ein Psychoanalytischer Roma.* Nabu Press, 1921/2014.

(10) psyalpha. Kongresse 1920-1932.

(11) Neubeginn, new beginning. フェレンツィが用い、後にマイケル・バリントが展開した概念。

(12) Sabina Nikolayevna Spielrein (1885-1942) ユングとの関係は多くの文献に記されているが、一般読者には、次の映画が参考になる。『危険なメソッド』(デヴィッド・クローネンバーグ監督、二〇一一年)

(13) satanarium. 悪魔(サタン)と掛けている。

(14)『グロデック書簡』p. 16, n. 15.

(15)『グロデック書簡』p. 6.

(16) エーリヒ・フロムによる人物評。『エスとの対話 心身の無意識と癒し』三頁。

(17)『グロデック書簡』p. 18, n. 27.

(18) Elma Pálos (1887-1972)

(19) Géza Palós. (?-1921)

(20) ギゼラ及びエルマに関する情報は、主として次の文献による。『グロデック書簡』Judith Dupont,

Introduction. xiii-xxx. 『往復書簡1』André Haynal, Introduction, p. xvii-xxxv.

(21) 一一月一四日付。『往復書簡1』p. 312.

(22) 一二月三日付。『往復書簡1』p. 317-318.

(23) この関係についてはすでに多くの文献があるが、それを題材とした小説も存在する。有名な心理療法家、アーヴィン・ヤーロムが書いた、『ニーチェが泣くとき』では、治療を強引に終了した後、ブロイアーがアンナへの思いを断ち切れずに苦しむ様が描かれている。フィクションながら若きフロイトが登場する極めて興味深い小説である。アーヴィン・D・ヤーロム『ニーチェが泣くとき』金沢泰子訳、西村書店、一九九八年。

(24) その重要な例は、「ドラの症例」であった。『フロイト全集』六。

(25) Hervé Kaurvik.

(26) 『往復書簡2』, p. xx.

(27) ジョーンズ『フロイトの生涯』では、自殺の可能性も示唆されているが、今日の文献では、一致して心臓発作とされている。

(28) ゲオルク・グロデック『エスの本——無意識の探究』岸田秀・山下公子訳、誠信書房、一九九一年。

第六章　アメリカ一九二六——新世界

再訪

一九二六年九月二七日、フェレンツィは、ギゼラと共に、ＲＭＳアンダニア号の船上にいた。船は、ニューヨークに到着する前の寄港地、カナダのハリファックスに近づきつつあった(1)。

近年のヨーロッパは、第一次大戦が残した傷が、少なくとも表面上は、ようやく癒されつつあるように見えた。何より、ヴァイマル共和国の努力が認められ、つい先日の九月八日にドイツが国際連盟に加入したことは、世界に明るいニュースとして伝わった。

フェレンツィにとってこの旅は、フロイト、ユングに同行した講演旅行以来一七年ぶり、二回目のアメリカ訪問である。三六歳だった彼は、今や五三歳となっていた。彼の脳裏には、前回の場面が次々と浮かび、当時彼が隠し持っていたユングへの「幼児的な(2)」嫉妬が思い出されるのだった。

しかし、今回の彼の仕事は、もはやフロイトの補佐役でもユングとの間の調整役でもない。長年の実績を踏まえて、彼自身が招待を受けての旅行である。今回の滞在は長期になる予定である。アメリカは、第一次大戦の特需で得た好景気を維持し、目覚しい経済発展を遂げていた。アメリカ滞在が彼に何をもたらすか、期待は膨らんでいた。アメリカへの不安があるとすれば、ハンガリー語、ドイツ語のようには操れない英語くらいで、講義内容についての不安はない。

フェレンツィの活躍の場は近年国際的広がりを見せていた。着実に著作を増やし、第一著作集は、ジョーンズの翻訳ですでに一九一六年に英語版が出版されていた[3]。そして、第二著作集がこの年、一九二六年に出版される運びになった。翻訳はスコットランドの医師、ジェーン・サティが担当してくれた。フェレンツィは、アメリカへの旅に出る一月前の八月二六日に、第二著作集のための序文を書き終えたところだった[4]。その最終部に彼はこう書いた。

「私の著作を再びアングロサクソンの読者に届けることができるのは大いなる喜びです。何より、彼らはその広い心によって、私のもののような見解を先入観なしに見ようとしてくれることが多いのですから。その目新しさ、大胆さのために、はじめからいい、い、却下されてしまうところもあるのです[5]。」

ベルリン、ロンドン、ウィーンなど各地の分析家協会の保守性によって、ヨーロッパでは新しい試みが受け入れられにくくなっているとフェレンツィは感じていた。精神分析において独自の発展を見せるアメリカには未来の可能性が感じられた。アメリカもまた、フェレンツィを「ヨーロッパの知性を代表する一人[6]」とみなして期待し、招待に至ったのである。

実は、この旅に臨むフェレンツィには、アメリカ移住の可能性さえ浮上していた。ホルティ政権になってから公職を追われたフェレンツィは、開業する一分析医に過ぎなかった。アメリカであれば、大学、研究所などから講師として大歓迎され、スタッフとなる可能性もあるだろう。あるいは、ウィーンに移る選択肢もあった。上顎癌の手術を受けたフロイトの健康がどこまで回復するか危ぶまれ、ウィーンでフロイトの後を継ぐことを期待されていた。これからの活動の場をどこに定めるか、あらためて決断しなければならない時期だった。(7)

その一方で、ブダペストの状況は一時恐れたほど悪くもなかった。ホルティ政権は基本的に反ユダヤ主義だったが、一九一九年の「白色テロ」ほどの迫害は当面なさそうである。六月五日に、ブダペスト旧国会会議場で開催したフロイト記念祭でフェレンツィとゲザ・ローハイムが講演したときには、五〇〇人の聴衆が参加して、熱心に聞き入った。ギゼラは、どこに活動の場を定めようとも自分の決断に従うと言ってくれているが、ハンガリーの家族や友人から離れることは、彼女にとって大きな喪失だろう。それを考えると、ウィーン移住にもアメリカ移住にも、二の足を踏んでしまう。フェレンツィの気持ちは揺れていた。

ランク

それと並んで、この船上でも彼の脳裏を去らないもう一つの懸念があった。友人の分析家、オットー・ランクを巡る騒動である。

アンダニア号にシェルブールで乗船する前、フェレンツィはパリに滞在した。当時パリに住んでいたランクに、アメリカに出発する前に会っておきたかったのである。船会社のオフィスを使って一時間にわたって議論したが、二人の間に、いやランクと精神分析家たちとの間に、近年生じていた亀裂を修復することはもはやできなかった。ランクはそれでも、「せめて〈非医師分析家（レイ・アナリスト）〉の問題だけでも」、二人は行動を共にすべきだと迫った。

前回のアメリカ旅行のときとは対照的に晴れ渡った大西洋の空を見上げながら、そのランクの気持ちに応えられなかった自分をフェレンツィは省みていた。長年の友情を考えれば応えたい言葉だった。しかし、最近の状況、そしてランクを支持してきたフロイトももはや支持できなくなっていることを考えると、応えることができなかった。

それにしても、ランクが口にした「せめて」という言葉は何を意味しているのだろうか。

精神分析はもともと医学から生まれたが、発展過程で心理学としての性格を強め、非医師からも関心を持たれるようになっていった。心理療法であれば、医師のみではなく、心理学を専攻したもの、さらには哲学や文学などの人文学を専攻したものが訓練を受ける可能性も出てくる。ランクはそうした非医師分析家の代表格だった。ランクは、ウィーン近郊の貧しい家に生まれ、機械関係の仕事をしていたが、生来の文学的才能を開花させ、文筆に手を染め、フロイトの知遇を得てその才能を認められ、仕事を手伝うようになった。フェレンツィがフロイトをはじめて訪問した頃、すでにランクは水曜会の秘書を務めていた。そして、分析を受けて分析家になり、治療に携わるようになったのである。

フェレンツィが精神分析のサークルに入ってからというもの、ランクは常に身近にいた。[8] しかし、フェレンツィの仕事にとって特に重要な交流は、「積極技法」の発表から始まった。ハーグ学会で発表したこの技法に最も関心を持ったのがランクだったからである。積極技法について議論を交わすうち、精神分析の技法を開発することが、今こそ必要だという結論に二人は達した。技法の開発が必要とは至極当然のようだが、それまでの努力が、性理論、人格発達理論、「自我」「超自我」「エス」の局所論など、主として理論の構築に向けられてきたことを踏まえている。それに比べると、技法開発に向けた議論が少なすぎると彼らは考えた。

二人は、交わした議論をまとめて一冊の本にすることにし、一九二三年に出版したのが、『精神分析の発展目標』[9]だった。二人の共同作業で内容を練り、第二章「精神分析状況」[10]をランクが、それ以外の章はフェレンツィが書いて完成した。

この本の議論では、一九一四年にフロイトが書いた技法論、「想起、反復、反芻処理」を出発点にしている。それは、フロイト自身がそれ以来技法に関する論文を書いていないからであり、そのこと自体、二人がここで技法についてあらためて取り上げる必要があると考えた理由だった。

想起されない過去の記憶が、現在の人間関係の中で「反復」されること、その反復を意識にもたらすことで想起につなげることが治療目標となること、そのためには想起に対して起こる抵抗を繰り返し処理していく必要があることをフロイトは述べていた。

フェレンツィとランクは、基本的にこの立場を受け継ぎながら、分析の仕事の力点をまず「想起」よりも徹底的な「反復」に移動させる[11]。反復を可能にする「分析状況」を生み出すことで、今まで想起されなかった細部までがまず反復されなければならない。ただし、そこにとどまると、出来事の反復は文字通り反復の繰り返しとなる。その反復に積極的に介入し、出来事の想起にもたらすための技法が次に必要である。治療者と患者の関係の中に外傷体験が再現されることではじめて治療的に扱うことができるという主張、これは今日の「再演（エナクトメント）」の考え方に極めて近いものである。

ただし、この書は、分析状況の中で反復される外傷を扱う技法の必要性を主張するに留まっており、具体的技法の開発は今後に委ねられている。そして、技法は常に修正され、改善されていく必要があると述べたところで、議論は閉じられる。

二人の共同作業で成ったこの提言をフロイトは歓迎し、他の分析家たちも基本的にその路線を受け入れた。二人は、精神分析技法の改革者として期待されていた。

出生外傷

問題は、その直後の一九二四年に、ランクが『出生外傷』を発表したことだった。[12] そこでランクが展開した理論は、人間がこの世に生まれ出る出生体験が、外傷として作用し、のちの神経症の基盤を築くというものだった。出生体験をこのように重視すると、それまで精神分析が神経症の根本原因であるとしてきた、父・母・子のエディプス関係は神経症と関係がないことになってしまう。ランクは、エディプス関係に意味がないとは言っていないのだが、たとえ重点が移るだけでも多くの分析家は許すことができなかった。激しい批判がランクに集中した。

フェレンツィは、出生外傷説に対する最も強い批判者ではなかった。その説は、自身が構想していた発達理論に馴染むものだったからである。それどころか、二人はそれぞれのアイデアの構築過程で意見を交わしてきたので、ランクの説も取り入れながらフェレンツィも自分の発達理論を構想していたという方が正確である。それは、個人の成長に、性細胞の成熟、精子と卵子の生成、子宮内での両者の合体、出生、思春期の五段階の外傷があると考えるもので、ランクの言う出生をその一段階に位置づけるものだった。[13] フェレンツィのこの理論については少し後にもう一度触れよう。

フロイトもまた、出生外傷説を理論の一つとして受け入れる姿勢を当初見せ、批判する分析家たちとランクの和解を望んでいた。しかし、強硬な反対を受けて、ランクを支持することができなくなっていった。このように、ランクの理論を取り込もうとフェレンツィはしてきたのだが、他の分析家たちの批判や、人間関係上のこじれから、このころには、ランクを支持できないところに至っていた。パリでの会談は、細かな議論をする段階でも、それが可能な場でもなかった。ランクも、フェレンツィが今自分の「出生外傷説」を支持することは不可能と観念した。それが、「せめて」という発言につながったのである。

「せめて」共闘したいとランクが言った、非医師分析家の問題は、ヨーロッパの分析家たちから孤立し、アメリカに活動の場を移しつつあったランクにとって切実なものだった。ウィーンでも非医師分析家は少なく、孤立の一因でもあったのだが、フロイトは、当初より非医師分析家を肯定しており、フェレンツィもまた非医師分析家を支持してきた。しかし、アメリカを代表する精神分析家たちは、医学界に精神分析を定着させることを最優先し、医学教育を受けない分析家を排除したいと考えていた。フェレンツィがアメリカに向かうこの時に「共闘」を求めたのはそのためである。ランクは、それを可能にする強い相互理解が二人の間にあると信じていた。確かに、「非医師分析家」をめぐって、フェレンツィとランクは考えを共有してきたし、フェレンツィは今もその点では意見を変えていなかった。アメリカに渡っても、非医師分析家を支持するつもりであった。しかし、ここに至ってランクと共闘することは、反ランクに姿勢を変えたフロイトや他の分析家たちとの関係上できないのだった。フェレンツィは調整役をすでに諦めていた。

ただし、フェレンツィがこの会談でランクに伝えた共闘を妨げる理由は、「出生外傷説」でも「非医師分析家問題」でもなく、二人の間に差異をもたらしていると彼が考える基本的な方向性の違いであった。ランクがその頃分析を行っていた対象が、医師や学生ばかりであることを彼は指摘した。それに対して、自分が今まで学んできたこと、そしてこれから学ぼうとしていることは、すべて重症神経症の治療である。重症神経症の治療に取り組んだことがなく、主に健康な人の教育のために分析を用いるランクとは道を共にすることができない。これが、考慮のすえフェレンツィが選んだ言葉だった。

　この言葉は、ランクに対しては苦しい言い訳の面があるが、フェレンツィの生涯を貫く基本姿勢をよく表すものである。彼は、社会の中にあって、不遇な環境に生き、過酷な体験を経て、心身の健康を失った人々の救済を目指してきたし、目指すつもりだった。ここで彼が重症神経症と呼ぶ症状を抱えた患者たちの過去には、幾多の過酷な体験があることを彼は知っていた。患者が生きる環境にこそ問題があることには、彼が病院に勤務し出したときからすでに気づいていた。一九〇八年のザルツブルク学会で発表した「精神分析とペダゴジー」は、子どもの養育を改善して、そうした症状を予防しようとするものだった。出生が外傷的体験になりうることを彼は否定しなかったが、それが最も重要と考えると、出生後の環境の意味が失われてしまう。ランクがあらゆる人間に共通の外傷に関心を持つのは、一定水準以上の環境に恵まれた人を相手にしているためだ、とフェレンツィは言いたかったのである。

ニュースクール

　フェレンツィを乗せたアンダニア号は、一〇月二日夕刻にニューヨークの検疫島に到着したが、そこに足止めされ、翌朝になってようやく桟橋に降り立つことができた。前回にも経験した何時間もかかる検疫が終わったところで、アルヴィン・ジョンソン博士[14]と、すでに講義や治療を通してフェレンツィを知っている人たちが出迎えた。はるばるブダペストを訪れてフェレンツィの治療を受けたことのある患者もいた。ジョンソンは、ニュースクール・フォー・ソーシャルリサーチ所長の経済学者である。フェレンツィは、ふつうニュースクールと呼ばれるこの学校で講義する予定だった。

ニュースクールは、ジョン・デューイをはじめとするコロンビア大学のリベラル派の学者が呼びかけて、一九一九年に創立された私立高等教育機関である。[15]ジョンソンは、一九二二年に所長に就任すると、ニュースクールの拡大を図り、グリニッジ・ヴィレッジに場所を移した。

ニューヨークでフェレンツィが落ち着いた宿は、ブロードウェイ七二番地の角にある、ホテル・セント・アンドリュー[16]である。出迎えた夫人の一人が案内役となり、午後にはドライブに連れ出され、リバーサイドドライブに出てから、セントラルパークを横切り、ブロードウェイを通ってホテルに戻った。ニューヨークの街並みには、前回同様、圧倒的な印象を与えられたが、出発前のパリのような人間の匂いに欠けているとフェレンツィは感じた。

彼はこれから四カ月にわたり、ニュースクールで講義する予定だった。日中は早速、ニューヨーク及び周辺から治療あるいは訓練分析を求めてフェレンツィを訪れる人々への分析実践に費やされた。火曜の夜は講義、水曜の夜は非医師分析家のグループとセミナーを行った。[17]分析を受ける医師の中でフェレンツィは、エドワード・ジョン・ケンプ[18]の名を挙げ、「最も興味深く、アメリカの将来にとっておそらく最も重要な人物[19]」と評した。ケンプは、ハリー・スタック・サリヴァンが精神医学に入る際に座右の書とした『精神病理学』の著者として知られる医師である。

第一回の講義は、一〇月五日の火曜夜に行われた。ブリルが講義の進行役を務めた。ブリルは、前回のアメリカ訪問のときに案内役を務めた分析家だが、その後、アメリカの精神分析に多大な貢献を果たしてきた[20]。いわば、ニューヨークの、あるいはアメリカの精神分析を代表する分析家としてこの司会を務めたのである。三〇〇人ほどの聴衆は、医師、聴講生、一般市民など多様であった。フェレンツィは、一七年前のアメリカ訪問の話題に触れてから、フロイトのメタ心理学に話を進めた。精神分析を体系的に講じるのがこのコースの目的である。英語への不安は、講義してみるとやはり現実のものとなり、後の講義でも、「私の英語はひどい」と漏らすことがあったが、聴衆の方が彼の英語に慣れていき、実質的な問題はないように見えた。

こうして講義は順調に始まった。しかし、初回にしてすでに気になる動きが二つ見えた。一つは予想していた非医師分析家の問題である。その場にいた主要人物の中で、ブリルがそれに反対の立場であることは知っていた。もう一人の反対派は、ニューヨークの精神科医、スミス・エリー・ジェリフだった[21]。ずいぶん前からヨーロッパにフロイトを訪問し、ニューヨークの精神分析紹介に努めてきた人物である。フェレンツィの『性器理論』の翻訳に携わり、今回のフェレンツィ招聘にも力を発揮した。しかし、非医師分析家の問題では、多くの医師と同様、反対の立場であった。二人とも態度は友好的であり、フェレンツィがその話題をブリルにほのめかしても、曖昧に話題をそらして対立を避けているようだった。しかし、この滞在中にその話題に触れないではおれないと考えたフェレンツィは、あえて非医師分析家に賛成の立場であることを講義で述べた。ブリルは表情を変えなかったが、ジェリフが首を振るのをフェレンツィは見逃さなかった。どうもフェレンツィが首を突っ込み、アメリカの状況に影響を与えるのを恐れているようである。この問題が滞在にどう影響するのか、先は見えなかった。

もう一つの出来事は、参加していたニューヨーク精神分析協会の分析家がブリルについて言った不満であった。フェレンツィが今回、ニュースクールから招聘されて訪米することを、分析協会に伝えてこなかったという不満である。フェレンツィにとってこれは、奇妙な不満だった。彼にすれば、ニューヨークの関係者たちは互いに連絡を取り合っているはずなので、当然伝わっていると考えていた。わざわざ別に連絡をすることなど考えもしなかった。

つまらない感情的行き違いのようにも見えるが、フェレンツィの滞在がアメリカに残したものを考えるうえで、興味深い事実である。つまり、フェレンツィはこの時、ニュースクールという大学に招聘されたのであって、精神分析協会に招かれたわけではなかった。フェレンツィのセミナーに集まったのは、分析家協会の中核を占める医師たちではなく、非医師分析家だった。非医師分析家の問題も絡み、精神分析の中核勢力とフェレンツィには緊張関係があったのである。

ワトソン

ニュースクールでは、同時期に、数多くの講義が開催されていた。なかでも、フェレンツィの目を引いたのが、行動主義を唱えていたワトソンの連続講義である。行動主義は、科学的心理学の研究対象を、外部から観察できる「行動 behavior」に限るもので、ワトソンが一〇年以上前から唱えてきたものである。ワトソンは、精神分析を非科学的と盛んに攻撃していたので、フェレンツィもその動向を無視することができなかった。

ワトソンは、自身の連続講義の後に、シンポジウムを開催し、ニューヨークの有力な医師たちの他に、ボルチモアからジョンズ・ホプキンス大学のアドルフ・マイヤー、ワシントンからウィリアム・アランソン・ホワイトを招聘した。[22] しかし、フェレンツィは、シンポジウムに参加しなかった。言わば直接対決を避けたともいえる。すでに知っているワトソンの主張からして生産的議論が可能とは思えなかったのが一つの理由である。ワトソンの主張より、フェレンツィが気になったのは、シンポジストたちの発言である。精神分析に関心を持つ医学者たちが、ワトソンにしっかり反論してくれることを彼は願った。幸い、シンポジストたちの発表原稿を見る機会があったが、精神分析に関心を持つ医師たちの発言も、中立的であろうとする姿勢が強く、彼からすると精神分析支持を明快に表明していないことに不満が残った。

そうこうするうち、ついにワトソンの方からフェレンツィとの「決闘」を申し込んできた。[23] コスモポリタン・クラブという婦人クラブで自分が話す機会に、フェレンツィを招いたのである。ワトソン側からすれば、フロイトと最も近いところで長年精神分析の発展を担ってきたフェレンツィがニュースクールに来ているのである。この機会を逃す手はなかったに違いない。

ワトソンは、講義中に、フェレンツィがその場にいることに名指しで触れ、「心理学」「心」「意識」「無意識」といった言葉はすべて非科学的で神秘的なもので、科学の対象は行動だけだといういつもの主張を繰り返した。

フェレンツィは決して決闘を望んだわけでもなく、十分議論を準備したわけでもなかったが、何か反論を述べるしかなかった。精神分析の現時点での目標は、決してワトソンの言うような意味での科学ではなく、内省によって得られる事実から理解を深め、今必要とされる援助を行うことだとまず述べた。そして、ネズミやウサギにならワトソンの治療を受けなさいと言うが、人間は紹介したくない、と皮肉を付け加えた。聴衆はフェレンツィの発言を聞いて、「魂をあきらめなくてもいい」と知って救われたように見えた。

滞在

ワトソンの攻撃は精神医学や精神分析の外からのものである。フェレンツィはそれより、精神医学者の反応のほうが気になった。また、アドラー、ユング、ランクといった、精神分析から離れていった分析家たちにどのような目が向けられているかも気になるところだった。アドラーやランクはアメリカに活動の拠点を移しており、それぞれの仕方で影響力を発揮しているようであった。

フェレンツィは、ランクが同時期にアメリカを訪れているのを知っていた。ランクとの以前の交友関係を考えると、アメリカ滞在の間に会う機会を見つけるところである。しかし、出発前に会ったときの様子からして、そうする気にはならなかった。ランクと立場を異にしていることをはっきりさせるため、出生外傷説に基づく実践を自分は支持しないと講義でも明言していたくらいである。実は、滞在中にペンシルベニアを訪れたとき、駅で偶然ランクと遭遇したことがあった。しかし、フェレンツィはランクに気付きながら、とっさに無視してしまった。ランクに近づくことはそれほど彼には危険なことに思えたのである。分析家たちの中で最も親しく、最もわかりあうことができたフェレンツィから受けたこの仕打ちは、耐えがたいものであったとランクは後に語っている。(24)

フェレンツィの滞在は忙しく過ぎていった。夜には、次々と招待やパーティーが入り、ランチを一人で取ることさえほとんどなかった。週末が空いていると、フェレンツィとギゼラは、前年から分析を受けるためにブダペストを訪れていたイゼッテ・デ・フォレスト(25)とともにコネチカットを訪れた。デ・

フォレストは非医師だったので、アメリカの分析協会が非医師分析家を排除しようとしている状況についてフェレンツィに詳しく説明し、今後の見通しについて語り合ったことだろう。

ちなみに、フェレンツィは、滞在中の出来事を詳しくフロイトへの手紙に書いていたが、ギゼラの様子についてはほとんど触れていない。ニューヨークに到着した頃に、ギゼラがニューヨークに受けた印象も知らせて欲しいと尋ねられても、その次の手紙にギゼラのことを書いていない。どうやら、ニューヨーク滞在中、フェレンツィとギゼラの間は必ずしも平穏でなかったようである。フェレンツィは今でもなおエルマをあきらめることができておらず、ギゼラは自分が身を引いてもいいとまだ言っていたのである。[26] エルマはアメリカでの結婚が破綻して独り身になっていたので、可能性がないわけではなかった。

滞在全体を通し、フェレンツィは自身の活動に手ごたえを感じていたが、他方で疲れと焦りも感じていた。[27] 仕事の多さに疲れていることも事実だが、自分ができるかもしれない仕事はあまりにも多く、時間は限られていた。非医師分析家の問題に伴い、ブリルを中心として、分析協会の中核メンバーは明らかにフェレンツィから距離を取っていた。アメリカの分析世界を率いたいと考えているブリルにとって、ヨーロッパから誰かが教えに来るという構造自体がすでに気に入らなかった。[28]

協会のメンバーの中には、エイブラム・カーディナー[29]がいた。かれは五年前にウィーンで講義をしたアメリカ人のなかにいたので、フェレンツィの講義をすでに聞いたことがあった。そのことからして、おそらく儀礼的なものであったとしてもフェレンツィに挨拶し、かつてウィーンでの講義に出席したことを言った可能性が高い。しかし、彼の態度はどこかフェレンツィと距離をとろうとしているように感じられた。

その理由の一つはもちろん、協会が非医師分析家に反対の立場にあることだった。しかし、それに加えてフェレンツィに対する彼の感情を複雑にする理由があった。分析家資格を得てウィーンから帰り、ニューヨークで分析オフィスを開いた頃にさかのぼる出来事に由来する理由である。意気込んで治療に取り組んだ彼は、はじめて持った患者の治療に行き詰ってしまった。そこで、「当時はやっていた新しい治療技法」(30)を思い出した「患者をストレス下に置くことで患者の生産性を高めることができるという考え」に基づく技法である。そこで、カーディナーは、患者に性生活の禁欲を求めることにした。

この「当時はやっていた」技法とは、明らかにフェレンツィが提唱した「積極技法」である。「生産性を高める」とは、禁欲を強めることで自由連想が豊かになるというフェレンツィの主張である。カーディナーは当然フェレンツィの積極技法の論文を読んでいたであろうし、『精神分析の発展目標』も読んでいただろう。フェレンツィがウィーンで講義を行ったころに「積極技法」を展開していたことからして、講義でフェレンツィの口から直接「積極技法」を知った可能性も高い。だとすれば、「フェレンツィの積極技法」と言わずに、「当時はやっていた新しい治療技法」という表現は妙である。

カーディナーの「積極技法」はしかし、期待に反する結果に終った。その患者の場合、禁欲によって高まった欲望の圧力は、連想を豊かにする代わりに家族への暴力を発生させてしまったのである。状態が悪化した患者を、カーディナーは、入院させるしかなかった。最初の患者で彼は手痛い失敗を経験したのである。

カーディナーはのちにウィーン滞在を振り返り、各講義について回想を記しているのだが、フェレンツィの講義だけは名前を挙げるのみで、内容について何も触れていない。安易にフェレンツィの技法を取り入れたことに後悔があり、講義内容に触れることができなかったのではないだろうか。

今日、カーディナーの名は、分析家としてよりも、戦争神経症の研究によってよく知られている。[31]アメリカに帰国後、ニューヨークの復員軍人病院で戦争神経症患者を診療した経験を元に発表した研究が、PTSD概念の確立に大きな役割を果たしたのである。

それを考えると、積極技法の問題だけでなく、戦争神経症に関してもカーディナーはフェレンツィの影響を受けた可能性がある。フェレンツィが講義の中で、大戦中の戦争神経症に触れた可能性も十分ある。そこから刺激を受け、フェレンツィの発表した「戦争神経症の二型」を詳細に検討し、戦争神経症患者からの詳細な聞き取りと、症状の綿密な観察につながった可能性もある。しかし、カーディナーがフェレンツィのニューヨーク滞在中に戦争神経症について議論を交わした形跡はない。彼にとってフェレンツィは、個人的にも協会としても、付き合いづらい相手となっていたのだとすれば残念なことである。

精神分析協会のメンバーがフェレンツィと距離をとる一方で、分析家ではない指導的な立場の医師の多くはフェレンツィに友好的だった。それどころか、フェレンツィの訪問があと十年早ければ、と口をそろえて言うのだった。[32]今までの精神分析導入の仕方が精神分析から彼らを遠ざけてしまったと言うのである。ブリルを中心としたある種権威的な協会の姿勢がそうした人々を遠ざけてしまった面があったようである。

考えてみると、フロイトとユングのアメリカ訪問を例外として、アメリカの精神分析の発展は、文献からの吸収と、アメリカからウィーンを訪れて資格を得た分析家たちの手によってなされてきた。ヨーロッパからアメリカを訪れていたのは、アドラーやランクのように分析の主流から離れた分析家たちだった。フェレンツィのような代表的な分析家が長期滞在して教育、訓練を行うのは初めてのことである。ヨーロッパの分析家に、言わばはじめて「生で」接する人が多かった。しかも、フェレンツィはヨーロッパの分析家たちのなかでも、最も実践的で、革新的な姿勢を持ち、情熱と温かさが直接人に伝わる人柄だった。フェレンツィの言葉と人柄に魅了された人が多かったのである。

ニュースクールの連続講義が終わると、フェレンツィには大学を含むさまざまの機関や団体から講演依頼が殺到した。フェレンツィの講義の評判が評判を呼ぶという状況で、喜ばしいことだが、帰国予定を延ばさざるを得なくなってしまった。依頼のなかで最も重要に思われたのは、ワシントンからの招聘である。ワトソンのセント・エリザベス病院院長、ホワイトは、精神分析家に自らなることはなかったが、分析に深い関心を持ち、自身のスタッフを精神分析的な方向に導いていた。フェレンツィの目から見て、アメリカの治療実践に精神分析が生かされるために最も重要な人物の一人だった。そのホワイトからの要望を受けることにし、ワシントン訪問後の、六月二日にニューヨーク号でヨーロッパへの帰路につくことにした。

サリヴァン

フェレンツィのワシントン招聘(33)の背景には、ホワイトのほかに、すでに登場したニューヨークの精神分析家、ジェリフと、そしてハリー・スタック・サリヴァンの動きがあった。ジェリフとホワイトは、早くから精神分析への関心を共有していた間柄で、一九一三年には、精神分析に関するアメリカではじめての雑誌、『アメリカ精神分析レビュー』を共同で創刊していた。そして、一九一四年七月六日には、ワシントン初の精神分析協会がホワイトを会長として設立され、セント・エリザベス病院で会合をもちはじめた。奇しくも第一次世界大戦の勃発直後だった。

ホワイトは、一九二一年に、精神科医としてまだ駆け出しのハリー・スタック・サリヴァンをセント・エリザベス病院に呼んだ。サリヴァンがホワイトから受けた影響は極めて大きい。患者の語りを傾聴する姿勢、その微細なニュアンスに注目する姿勢、患者への乱暴な扱いを断固として廃す姿勢などが、すべてサリヴァンに受け継がれていった。精神分析への関心も、党派性を嫌う折衷主義と共にホワイトから受け継いでいた。サリヴァンは、一年後にセント・エリザベス病院を去って、メリーランドのシェパード・アンド・イノック・プラット病院（以下シェパート・プラットと略記）に移ったので、フェレンツィが訪れた年にスタッフの一員ではなかったが、ワシントンのグループと密接な関係を保っていた。[34]

ホワイトとジェリフは、一九二六年の春から、フェレンツィの『性器理論の試み[35]』の翻訳に取り掛かっており、四月にその概要をワシントン精神病理学会で発表した。ホワイトはその内容に感銘を受け、六月一七日のジェリフへの手紙に、「フェレンツィの翻訳原稿を見直したが、これは際立って興味深い論考だと思うし、刺激的と言いたい。私たちはぜひこれを使うべきだ」と書いた。フェレンツィがワシントン精神病理学会で行った講演の主題が、「性器論」になったのは、この二人の翻訳作業があったからと思われる。ただ、これだけの関心を持ちながら、フェレンツィのワシントン招聘を提案したのはホワイトではなかった。「精神分析の天才」を三、四カ月招待してはどうかと強く勧めたの

図11　ハリー・スタック・サリヴァン

は、サリヴァンだった[36]。三、四カ月という長期滞在の提案は彼のフェレンツィへの関心の深さを反映している。

サリヴァンは、フェレンツィの第一著作集をすでに読んでいた[37]。精神分析に学びながらも、フロイトの概念を、精神分析のジャルゴン（専門家にしかわからない業界用語）と皮肉を込めて呼ぶ[38]ほど一定の距離を置いていた彼だが、フェレンツィの著作を高く評価していた。サリヴァンは、招聘をホワイトに提案したあと、クリスマスにニューヨークで開催されたフェレンツィの講演会に足を運んでいる。自分の目で確かめたいと思ったのであろうか。ホワイトは、フェレンツィに関心を持ちながらも、財政的心配と論争を好まない姿勢から、サリヴァンの提案する長期招聘には動かなかった。その代わりに実現したのが、五月の講演会だった。講演では[39]、指定討論者として、ホワイトらとともに、サリヴァンが登壇した[40]。サリヴァンが果たしてどのような討論をフェレンツィに向けたのか、討論部分の記録が残っていないのは返す返すも残念である。

そして、直に接した経験から、フェレンツィを、「ヨーロッパで信頼すべき唯一の分析家[41]」とみなし、若き同僚のクララ・トンプソンにブダペスト行きを薦めた。これはトンプソンやフェレンツィの伝記的記述に必ずと言ってよいほど登場する逸話だが、では、なぜサリヴァンがそう認めたのか、については彼の言葉が残っていない。

それにしても、あらためて考えてみるとこの言葉はかなり過激である。裏返すと、「ヨーロッパの他の分析家はだれも信頼できない」となるからである。サリヴァンは、働き始めたセント・エリザベス病院で短期間に精神医学へのイニシエーションを受けた後、シェパード・プラット病院で特別病棟を任され、後に有名となる革新的な実践を行っていた[42]。その間、ヨーロッパの分析家たちに会ったことがあるわけでもない。彼がそのように自信をもって言う根拠はどこにあったのだろうか。シェパード・プラットでの実践の中期に差し掛かったもう一人の「天才」が、すでに密かに開花させつつあった自らの実践技法と対人関係理論に照らしてフェレンツィに信頼に足る何ものかを認めたのだろう。

この時のフェレンツィ側のサリヴァンへの印象は記録に残っていないが、しばらく後にフェレンツィも、サリヴァンに同質のものを見いだすことになる。トンプソンのブダペスト訪問が実現したときのことである。二年後の一九二八年の夏、彼女ははじめてフェレンツィを訪ね、サリヴァンとの協働経験も含めて自己紹介をした。トンプソンの言葉によると、そのときフェレンツィは驚きの色を隠せなかった。「自分の物の見方とサリヴァンの物の見方との間に実に多くの共通点があったから」[43]である。

トンプソンは、これ以降、夏をブダペストで過ごし、帰るとサリヴァンにフェレンツィの情報を伝えていった。逆に言えば、分析の中でサリヴァンについて語ることも多々あったはずで、フェレンツィはサリヴァンの臨床の実際を間接的に知ることができたであろう。つまり、二人は「トンプソンを介して一種の対話関係[44]」を持ったのである。

実際、二人の実践や理論には際立った共通点がいくつかある[45]。重症神経症あるいは精神病という重症患者の治療に生涯を捧げたこと、力動精神医学をあらゆる階層に普及させることが必要と考えていたこと、がまず挙げられる。いずれもすでに見てきたフェレンツィの姿勢である。そして理論的にさらに重要な点として、個人の成長と治療を対人関係の観点から理解する視点がある。

また、こうした共通点を生み出す基本的な治療姿勢として、対話に開かれた姿勢あるいはパーソナリティーと、患者の人生の細部に徹底的に目を注ぐ姿勢がある。「患者の『ストーリー』が見え、さらに患者の体験が眼前にほうふつとして来るまで追求する徹底性[46]」においてフェレンツィとサリヴァンは共通していた。
そして最後になるが極めて重要な要素として、性に関する理解への共鳴があったに違いない。ワシントン講演の主題であるこの時期のフェレンツィの性理論から二人の関係を考えてみよう。

性理論

フェレンツィの性理論は、第一次大戦中の勤務の合間にフロイトの『性理論三篇』のハンガリー語訳に取り組んだ経験からまず構想された。一九二二年のベルリン国際精神分析学会でその雛形を発表し、一九二四年に『性器理論の試み』が出版された。ランクの『出生外傷』と同年だが、約半年後の出版である。フェレンツィはここで性器そのものの機能とその発達に焦点をしぼる。フロイト理論の発展形のように見えて、かなりラディカルで独創的な展開である。それは、リビドーの発達を論じる「心理学」ではもはやなく、「性」と「性器」の意味を問う学である。それがこの理論に「性理論」ではなく「性器理論」の名が与えられる理由である。

フェレンツィはここで、個人が個人として成立する過程を、生物としての個体が「発生」する過程にまで遡って理解し、[47]ランクが強調する出生体験をその一段階に位置付ける。取り上げられる重要な主題の一つは、性交の意味[48]である。性交を子宮への回帰願望の表現とする理解は、精神分析の退行概念を出生前にまで拡張するものである。しかし、フェレンツィの性交理解の特質は、心理学的な意味での退行にそれを納めないところにある。

彼は『性器理論の試み』で性交をめぐる様々の細かな現象に注目するが、それらを、心理的な「退行」

「倒錯」「置き換え」といった概念でくくって理解することをしない。むしろ、身体器官としての性器の意味を進化論的に考えるとともに、口、肛門、手その他あらゆる身体部位が性交に果たす機能を分析していく。

つまり、精神分析が対象としていた幼児期の心の状態への退行だけでなく、母胎内環境や、さらには生命の進化過程まで遡る、身体を巻き込んだ退行を考察の対象とする。統合体としての心身全体の退行というこうした見方は、彼が、グロデックのサナトリウムで経験した温泉やマッサージと大いに関係している。温泉の治療効果は、胎児の時代にまで遡る退行によるという理解がここから生まれる。こうした分析を彼は、精神分析 psychoanalysis に対照させて「生命分析 bioanalysis」と呼ぶ。

フェレンツィは、性をめぐる問題をある正常な性行為からの逸脱としてとらえるのではなく、身体と心の両機能が交わる多種多様な性行為の一要素と見なす。その姿勢は、同性愛の扱いにも表れる。同性愛を倒錯とする主張、あるいは反社会的存在として罰する主張を彼が批判したのは、精神分析に出会う前に遡るローザ・Kの事例に接したときである(49)。

ローザ・Kは、ウィーンで同性愛者、服装倒錯者として知られ、被差別体験、投獄体験も経て、ブダペストに移ってきた。若きフェレンツィは、今訪問中の病院と名前も同じ、ブダペストのセント・エリザベス病院で四〇歳になったローザを診察した。ローザの事例は「女性の同性愛」と題するハンガリー語の論文として一九〇二年に発表されている(50)。

フェレンツィの診察は、一九〇二年にすでに当時の精神医療全般と大きく異なっていた。彼は、ローザの人生遍歴の数々を考え、ローザに自伝を執筆することを求めた。診断あるいは病理学的考察の前に、一人の人間としてのローザを詳しく知ろうとしたからである。この提案自体、治療的に興味深いものである。そして、「ローザ・Kの人生史は、紛れもないオディッセイである」と彼は言う。子ども時代に始まる、差別、見捨てられ体験、排除、入院、隔離、そして警察による追求、投獄などがそこに記録されていた。記述の正確さと美しさも際立っていた。

考察の結果、フェレンツィは、「どのような性的異変もそれが異常とみなされるのは、種の保存のために適切な性的接触様式から外れていることのみにある……」とする。人間社会が作り上げた倫理などによる価値評価を否定するのである。進化上の適者生存原理からすると、次世代を生まない点で不利であることを踏まえた上で、「逸脱した個人を排除するのは自然に任せ、その課題を人間たちという信頼の置けないものの手に委ねないことが適切であり、必要である」と述べる。医学論文のスタイル上、社会の偏見へのあからさまな非難は控えているが、人が同性愛に価値判断を行うことに明確なノーを唱えている。

彼にとって、さまざまな性的傾向や行為のいずれもが、それぞれ意味のある性的表現であり、生物としての人間の身体に埋め込まれた傾向と心的な傾向の複合によって成立している。この自らの性理論を、フェレンツィはアンフィミクシス理論と名付ける。アンフィミクシスとは、医学で二つの物質の合体を意味し、多くの場合は、精子と卵子の合体を指して使われるが、彼はその対象を拡張し、子どもの指吸まで含む様々の性的性質を持った行為に二つのものの合体を見る。そして、その多様性の中に、成人の性行為へ向かう正常発達を想定しない。

世の中にあふれる性への価値評価から自由なこの姿勢は、一九〇二年にローザ・Kを診察した時から一貫していた。そして、性に正常発達の道筋を想定する精神分析の主潮と基本的なところで相容れない。この議論を支えるフェレンツィの感性は、一見するよりはるかに破格である。

『性器理論の試み』は、フェレンツィの著作の中で最も大部で、体系的な性質を持っている。ジェリフとホワイトが、一九二六年の段階で翻訳を考えたときに、この書を取り上げたのは不自然ではない。彼らは、英語版に『タラッサ』というタイトルを与えた。タラッサは、ギリシャ神話に登場する海の女神であり、海を意味する。海に発する生の根源への退行を性交に見るところから選ばれたタイトルである。『タラッサ』は、しばしばフェレンツィの主著とみなされており、文学の領域で取り上げられることも多い。実際フェレンツィの著作がはじめて日本語になったのは、フランス文学者の手による『タラッサ』の翻訳であった[51]。原題『性器理論の試み』と比較すると、おそらくは、英語タイトルのインパクトも、この書を代表作とするのに力を貸したであろう。

生理学、進化論を基盤とするフェレンツィの性理論は、同じく身体機能の詳細な記述を発達論で行うサリヴァンの姿勢と呼応する。そして、サリヴァンに関心を持つ人であれば、次のように想像するに違いない。サリヴァンの同性愛傾向が、フェレンツィの理論に共感させたのではないかと。サリヴァンが、同性愛者であり、それが時に倫理的逸脱行為に発展し、彼の排除を一時期もたらしたと言われている。また、一九七〇年代以降のサリヴァンの再評価は、同性愛の社会的受容と無関係ではないと思われる[52]。同性愛を性の一形式として位置付ける姿勢が、フェレンツィを「信頼できる分析家」と判断させる一因であったとしても不思議ではない。

帰国

ワシントンでの講義を最後に、アメリカにおける公の仕事は終わった。ニューヨークに戻って帰国準備をした彼は、六月二日にニューヨーク号に搭乗した。

精神分析の使徒としてのミッションはどれだけ成功しただろうか。大歓迎され、多くの聴衆から肯定的な反応を得たものの、アメリカの精神分析の展開に不安材料は多々あった。非医師分析家の扱いは言わずもがなである。アメリカへの移住も考えないではなかったフェレンツィだが、帰途にはその可能性は限りなく少なくなっていた。フェレンツィはアメリカに疲れていた。ヨーロッパへ帰れば、ロンドンで講義をしてから、前年夏以来のバーデン・バーデンを訪れ、長期滞在する予定である。ようやく心身をリフレッシュさせることができるだろう。

この滞在で深まったアメリカの人々との交流はこれからも続いていくに違いない。分析を受けるためにブダペストを訪問したいと言っている人もある。アメリカが精神分析にとって新たな沃野であることだけは間違いない。

アメリカは、そして世界は、この後二年少しで大恐慌を経験する。フェレンツィはその混乱の少し前の、繁栄のアメリカを経験した。ハンガリーのユダヤ人として公の活躍が困難なフェレンツィからすると、大学、公立病院などからの熱狂的な歓迎は、第一次世界大戦後の短期間を除き、生涯はじめてと言ってよいものであった。分析協会の反応は今ひとつであったものの、ニュースクールあるいはワシントンのセント・エリザベス病院といった、有力な機関の実践家、研究所のメンバーに、自分の考えが浸透した手ごたえを持った。「夢のような」[53]アメリカ滞在はこうして終わったのである。

注

（1）同日付、フロイト宛手紙。『往復書簡3』p. 279.

(2) フェレンツィ自身が用いた表現。

(3) *Contributions to Psycho-Analysis.* のちの版でタイトルが *Sex in Psycho-Analysis* に改められた。戦後の再出版では、第二、第三著作集との差異化のために *First Contributions to Psycho-Analysis* となった。

(4) 『著作集2』p. 7-9.

(5) この言葉に続いて、フェレンツィは、翻訳を担当した医師、ジェーン・サティ Jane Suttie に謝辞を述べている。サティは、アイアン・ディチャート・サティ Ian Dichart Suttie (1889-1935) の妻である。彼は、スコットランド、グラスゴー生まれの医師で、著書『愛憎の起源』で近年注目されている。早く母子の対象関係に注目し、のちの対象関係論を先取りしたと言われる。ジェーンの翻訳作業を通して、フェレンツィから影響を受けたとも推測されている。次の文献を参照。富樫公一『不確かさの精神分析——リアリティ、トラウマ、他者をめぐって』誠信書房、二〇一六年、八四—九七頁。

(6) Ann-Louise S. Silver, Ferenczi's early impact on Washington, D.C. *Ferenczi's Turn in Psychoanalysis.* p. 89-104.

(7) 『往復書簡3』p. 258-259. 一九二六年五月三〇日付。

(8) 初期のランクについては、次の文献に詳しい。また、本章の多くの部分でこの文献を参照した。大塚紳一郎「解題」オットー・ランク『出生外傷』細澤仁・安立奈歩・大塚紳一郎訳、みすず書房、二〇一三年、一九三—二二五頁。

(9) Ferenczi & Rank, Entwicklungsziele der der Psychoanalyse. 1923. (The Development of Psychoanalysis. Nervous and Mental Disease Publishing Co., New York, 1925.) 英語版に従って『精神分析の発展』と呼ばれることも多い。

(10) 「分析状況」が治療の道具であるというこの考え方は、今日の精神分析の基本的枠組みを先取りするものであった。

（11）The Development of Psychoanalysis. p. 4.
（12）この書が引き起こした騒動の経緯については、注（8）に記す「解題」を参照。
（13）『出生外傷』の「解題」によれば、ランクもまた出生外傷の重要性を主張しただけで、それが神経症の病因の全てとは言っていない。注（8）参照。
（14）Alvin S. Johnson（1874–1971）
（15）ニュースクール大学ホームページ。2017.9.1閲覧。https://www.newschool.edu/about/history/
（16）このホテルの建物はすでに取り壊され、跡地には、現在、商業施設と住宅が入るアレキサンドリア The Alexandria という名のビルが建っている。
（17）一〇月一〇日付。『往復書簡3』p. 283.
（18）Edward John Kempf（1885–1971）
（19）同右、二八三頁。なお、ケンプは、『精神病理学』の不評に失望して研究から退いたが、不評の一因に同性愛衝動の重視があったという。『精神病理学』（一九二〇）はのちに再評価され、復刻出版された。そこにもまた、サリヴァン追認と同じく、同性愛の解禁が関っていると中井は推測する。次の文献を参照。中井久夫『サリヴァン、アメリカの精神科医』みすず書房、二〇一二年、三八―三九頁。
（20）以下の文献の各所に、アメリカの精神分析家第一世代としてのブリルの存在の大きさがうかがえる。Nathan G. Hale, Jr., *The rise and crisis of psychoanalysis in the United States: Freud and the Americans 1917–1985.* Oxford University Press, New York, 1995.
（21）Smith Ely Jellife（1866–1945）『往復書簡3』一九二一年八月一八日フェレンツィ宛手紙に、ジェリフがフロイトを訪問したことが記されている。
（22）William Alanson White（1870–1937）
（23）『往復書簡3』一九二七年一月九日付。p. 294.

(24)「解題」。注（8）
(25) Izette Taber de Forest (1887-1965) フォレストが一九五四年に著した *The Leaven of Love*. Shoe String Press. は、フェレンツィの仕事の独自性を世に知らせる最初の書物だった。次の文献を参照。B. William Brennan, Ferenczi's forgotton messenger. The life and work of Izette de Forest. *American Imago*, 66 (4), 2009, 427-455. B. William Brennan, Decoding Ferenczi's Clinical Diary: Biographical notes. *American Journal of Psychoanalysis*, 75, 2015, 5-18.
(26) Stanton p. 39.
(27)『往復書簡3』三月六日付。p. 303.
(28)『往復書簡3』p. 305-309. 四月八日。五月一日付手紙には、ヨーロッパから分析家を呼ばないようにする提案をブリルたちが行ったことが記されている。アメリカの資格制度にヨーロッパからの分析家が干渉するのを防止するためである。このような強硬な提案は、明らかに、フェレンツィのアメリカ訪問がもたらした影響への懸念から生まれている。
(29) Abram Kardiner (1891-1982) ウィーン体験を含むカーディナーの回想は、次の文献を参照。Abram Kardiner *My Analysis with Freud-reminiscences*. W.W.Norton & Conpany, New York, 1977, p. 81-88.
(30) 同右、一〇六頁。
(31) エイブラム・カーディナー『戦争ストレスと神経症』中井久夫・加藤寛訳、みすず書房、二〇〇四年。
(32)『往復書簡3』p. 306.
(33) この招聘に関する情報は、主として Ann-Louise S. Silver による。注（6）参照。
(34)『往復書簡3』五月二一日付手紙への注、p. 310.
(35) Ein Versuch der Genitaltheorie. *Schriffen zur Psychoamalyse*. II. Band, Band II. Fischer Taschenbuch, 1972, p. 317-400. *thalassa: a theory of genitality*. H. Karnac, London, 1989. Genitaltheorie をかつて、『性

理論の試み』と訳したが、「性器論」、あるいは「性器理論」が正確である。
(36) 『往復書簡3』五月二一日付手紙への注、p. 310.『サリヴァンの生涯2』九頁。
(37) 中野明德「H・S・サリヴァンの生涯と対人関係論」福島大学総合教育研究センター紀要第一一号、二七—三六頁。
(38) サリヴァン『精神医学的面接』中井久夫訳、みすず書房、一九八六年。
(39) フェレンツィの書簡に見る限り、二月二六日に、五月のワシントン講演旅行の予定が記されており、五月二一日には、ワシントン滞在からニューヨークに戻ったことが記されている。それを最後の重要な仕事として、一〇日ほど後に帰国の途に就いたことになる。したがってこの講演は、五月に行われたものと思われる。しかし、注三〇の文献には、四月一一日の、ワシントン精神病理学協会での講演について書かれている。ワシントンに二回訪問したことになるが、四月中のフェレンツィの手紙から見て、四月にワシントン訪問をした可能性は少ない。後者の日付が五月一一日の間違いである可能性がある。
(40) この時のフェレンツィの講演は学術誌に掲載され、著作集にも収録されたが、指定討論者の討論は残っていない。残っていれば、サリヴァンが直接フェレンツィに語った言葉の記録として貴重な資料になったであろう。
(41) ヘレン・スウィック・ペリー『サリヴァンの生涯2』中井久夫・今川正樹訳、みすず書房、一九八五年、五—一三頁。
(42) 中井久夫、前掲書注(19)
(43) 『サリヴァンの生涯2』一〇頁。
(44) 同右。
(45) 共通点の整理には、『サリヴァンの生涯2』のペリーの記述を参照した。
(46) 中井久夫、前掲書注(19)、三〇頁。

(47) フェレンツィはさらに同書で、系統発生を遡る退行について語る。ラマルク＝ヘッケル的進化論に基づくこの発想は、第一次大戦中にフロイトとの議論の中で発展したものである。フロイトは、『メタサイコロジー序説』の一章として構想した「転移神経症概要」でその発想を展開し、草稿をフェレンツィに送った。フロイトは結局その論文を完成させることなく放置した。次の文献を参照。十川幸司「訳者解説」フロイト『メタサイコロジー論』十川幸司訳、講談社、二〇一八年、二二四頁。

(48) スタントンの次の論考は、フェレンツィの性交への関心に焦点づけた興味深いものである。以下の記述に参照した。Stanton, Chapter 4, p. 115-132.

(49) ローザ・Kに関する記述は、次の文献を参照。Rachman, p. 14-19.

(50) Homosexualitas feminina. *Gyógyaszat*, 11, 1902.

(51) フェレンツィ「タラッサ」小島俊明訳、全集現代世界文学の発見7『性の深淵』学藝書林、一九七〇年、二四五—三二五頁。

(52) 中井久夫、前掲書注（19）三七頁。

(53) 『往復書簡3』帰国後の手紙。p. 311.

第七章　ヴィースバーデン一九三二——言葉の混乱

到着

一九三二年九月三日[1]、フェレンツィは、ウィーンから列車を乗り継ぎ、ギゼラとともにフランクフルト近郊のヴィースバーデン中央駅に到着した。三日の夜から七日まで当地で開催される第一二回国際精神分析会議に参加するためである。五日にはマイケル・バリントの「性格分析と新規まき直し」、七日にはバリントの妻、アリス・バリントの発表も予定されている。

ヴィースバーデンは名前からわかるように温泉地だが、バーデン・バーデンよりはるかに大きな都市である。中央駅から出たフェレンツィの目の前には、駅前から温泉施設がある地区へと続く大通りが見えた。

七月七日で誕生日を迎えた彼は五九歳になっていた。最近は健康がおもわしくなく、この会議に出席できるかどうかも危ぶんだくらいである。疲れやすくなり、その原因がわからないことが彼の不安を高めていた。この症状は何から生まれているのか。あまりにも献身的な治療実践のために生じた心身症であろうか。しかしその治療姿勢のおかげで今回発表する画期的な理解に至ったのならばやむを得ないかと彼は考えた。このところの考えからすると、九年前に出版した『性器理論』は根本的に書き換えなければならないだろう。性の発達には、そのとき展開した生物学的分析よりはるかに対人関係が大きく作用すると彼は今考えていた。しかし、その重要性と困難を思うと、はたして書き換えの仕事を成し遂げることができるのかと、健康状態への不安がもたげるのであった。

駅に到着した時にすでに疲れ切っていた理由はもう一つあった。(2) ここに来る前にウィーンで会ったフロイトとの対話である。長旅の間、フロイトの言葉や表情、そして振る舞いが何度も脳裏に浮かび、その都度、ここ数年自分がたどってきた道のりをあらためて振り返り、もはや引き返せないことを確認するのだった。

ヴィースバーデンを地図上に見ると、フランクフルト郊外の小都市の一つ、あるいはフランクフルト都市圏に飲み込まれようとしている一地域程度の存在のようにも見える。しかし、フランクフルトの存在するヘッセン州の州都が、フランクフルトではなくヴィースバーデンであると聞くと、事情を知らない人は不思議に思うであろう。東京であればたとえば三鷹市あたりに都庁があるようなものである。州都となっているヴィースバーデンの政治的重要性を理解するには、少し歴史をさかのぼる必要がある。

ヴィースバーデンの温泉は、古代ローマ帝国時代より知られており、ローマ人による要塞がすでに存在した。神聖ローマ帝国下にあっては、ライン川中流のナッサウに起源をもつナッサウ伯爵の治める地域の行政府がここに置かれていた。ナッサウ伯の領地の形はライン地域の政治的変遷によってしばしば変ったものの、ヴィースバーデンは常にこの地域の中核都市であった。一八世紀後半にギャンブルが伯爵によって認められてからは、カジノを有する都市として発展した。

一八〇六年に神聖ローマ帝国がついに解体されたとき、ナッサウ公国が成立し、一八一五年のウィーン会議で、ナッサウ公国はドイツ連邦の一部となり、ヴィースバーデンがその首都となる。それ以後、首都としての機能と威厳を備えるため、次々と建物が建設されていった。公国は、普墺戦争のあと一八六六年にプロイセンに併合され、普仏戦争後の七一年のドイツ帝国成立からは、ドイツ帝国のヘッセン＝ナッサウ州となった、ヴィースバーデンは公国の首都としての役割をそこで終えたが、州都の地位にとどまり、大都市に発展したフランクフルト・アム・マインより重要な政治的役割を果たした。

さらに、温泉都市としての役割は、むしろこの後にピークを迎える。パリ、ロンドン、ベルリン、ウィーンなどヨーロッパの多くの大都市の姿を変えた近代化の波がここにも及び、一八一〇年に建てられたクアハウスの周辺に、ホテルなど豪華な建物が次々と姿を現した。ヴィルヘルム通りに建った建物には重厚な装飾が施され、レストランやカフェが並んだ。小シャンゼリゼといった風情である。

ロシア貴族を始めヨーロッパじゅうの富裕層がこの町を訪れた。オーストリア王妃エリザベートも、ロシア皇帝ニコライ二世も訪れた。ネロベルク頂上のロシア教会には、ロシア皇室の血をひくナッサウ公、アドルフの墓があり、ヴィースバーデンとロシアとの縁は深い。ロシアの上流階級の人々がたびたびこの町を訪れ、町の文化に深い影響を与えた。

中心街から少し外れた丘沿いには、それぞれ意匠をこらした高級住宅が立ち並び、住宅に取り囲まれたやや傾斜した緑地には、小川が流れ、上流階級の人々の散策の小道が通った。その間を少しのぼっていくと、一八八八年に開設されたケーブルカーの駅にたどりつく。町のパノラマを俯瞰できるネロベルクまでのケーブルカーで、車両に取り付けられたタンクに水を注入したり排出したりして二つの車両を交互に上下させる「水錘鉄道」と呼ばれる珍しい構造を持つ。第二次世界大戦で電化計画がとん挫したため現在も水力のままで、観光名所となっている。

芸術家も数多くこの地を訪れた。バルザック、ドストエフスキー、アウグスト・テオドール・グリムその他、この地に長期滞在した作家は数多い。ドストエフスキーの『賭博者』はこの町のカジノをモデルにして書かれたといわれている。ブラームス、ワーグナー、マーラー、ストラヴィンスキーらがここで作曲し、演奏会を開催した。ブラームスは、一八八三年初夏、クアハウスから少し坂道を上がった高台にある家に滞在して、第三交響曲を作曲した。芸術の街という性格は、一八九四年にヘッセン国立劇場が完成し、そのすぐにそばにあったクアハウスが一九〇七年に全面的に建て替えられることでますますの繁栄をみた。豪華絢爛たるクアハウスには、浴場のほかに、二つの荘厳なコンサートホール、会議場が備えられ、総合的文化施設となった。

ドイツ皇帝ウィルヘルム二世は、夏をかならずこの都市で過ごすようになり、町は皇帝の離宮のような役割を担った。ヘッセン国立劇場建設もクアハウスの建て替えも皇帝の要望であった。

二〇世紀に入ってもヴィースバーデンの繁栄は続いたが、一九一四年に第一次大戦が勃発すると様相が一変した。帝国時代の富裕層や王侯貴族の保養地として発達した町は、ロシア帝国、ハプスブルク帝国、ドイツ帝国が軒並み崩壊することで、その重要な顧客を失うことになった。クアハウスやホール、軒を連ねるホテルは、財産を失った元貴族たち、戦後のインフレによって財産を失った富裕層にとって、もはや訪れることのできる場所ではなくなった。

第二次大戦までのいわゆる戦間期に、ヴィースバーデンは、戦前とは別の意味で重要な役割を果たす。戦後フランスの占領下にあった一九二一年には、ドイツのフランスへの補償条約がこの地で調印された。一九二五年から三〇年までは、イギリスのライン部隊の駐屯地となった。

余談になるが、時代は飛んで二〇一三年六月二六日に、オバマ大統領がドイツ統一を象徴するブランデンブルク門で演説したことが話題となった。冷戦下でベルリンが東西に分断されて間のない五〇年前の同日、J・F・ケネディが旧ベルリン市庁舎前広場で演説したことから選ばれた日付である。ケネディが暗殺されるまで五カ月弱しか残されていない日のことだった。その日、ケネディは、演説を「イッヒ・ビン・アイン・ベルリナー Ich bin ein Berliner」とドイツ語で締めくくった。ベルリンが自由と民主主義の象徴であるなら、「私はベルリン市民である」という意味である。

図12　ICH BIN EIN BERLINER!

ケネディのベルリン訪問は、その後現在に至るまで、冷戦時代を象徴するものとして、あるいはケネディの華々しい活躍を象徴する場面として、「イッヒ・ビン・アイン・ベルリナー」の言葉とともに繰り返しメディアに登場する。しかし、ケネディ大統領が、その演説の前日にヴィースバーデンとフランクフルトを訪れたことはあまり知られていない。フランクフルト空港に降り立ったケネディは、まずヘッセン州都のヴィースバーデンを訪れていた。アメリカ大統領の戦後初のドイツ訪問は、ヴィースバーデンから始まったのである。

この歴史的訪問を記念して、五〇周年にあたる二〇一三年に、「ヴィースバーデンはJFKを愛す」と名付けられた回顧展がここで開催され、ICH BIN EIN BERLINER! というベルリナーが販売された。ベルリナーとは、ベルリンを発祥の地とすることからその名前で呼ばれるジャム入りドーナツのことである。ケネディの演説が「私はドーナツだ」と受け取られたという都市伝説をネタにした商品である。

不安の時代

ヴィースバーデンの重要性を示すためにわき道にそれてしまった。

今回の大会がヴィースバーデンで開催されることになったいきさつには、近年の政治的、経済的状況がかかわっていた。一九二九年の第一一回会議がイギリスのオックスフォードで開催されたとき、次回は、一九三一年にスイスのインターラーケンで開催することが決定していた。ところが、その後ヨーロッパ全域を襲った経済不況が、その開催を脅かした。ドイツ人分析家にとって、国外の学会参加は難しいものになってしまった[3]。もはや大会の開催自体が不可能ではないかと危ぶまれるなかで、あらゆるものが高価なスイスをあきらめ、一年ずらしてここドイツで開催されることになったのである[4]。

経済状況の悪化は、精神分析学会や出版局の財源不足も引き起こしていた。フロイトは、この年、各地の精神分析協会に出版局の困窮状態を訴え、経済的支援を呼びかけた。フェレンツィもまたブダペスト協会長としてその手紙を受け取り、協力の可能性をブダペストのメンバーとともに探ることを知らせた[5]。最も信頼に足る資産家で、一年前にブダペスト精神分析ポリクリニック開設に力を尽くしたヴィルマ・コヴァーチも、それ以上の支援を国外にまで行うのは難しかった。

フロイトは最近のフェレンツィの実践に関する噂を聞いており、彼が精神分析の中心から、端的に言えば自分から、離れていくことを恐れていた。ユング、ランクなどそれまで他のメンバーで経験した別れをまた繰り返すのであろうか。そうした中でフロイトはこの春、フェレンツィが再び会長の職に就く可能性を探った。彼を引き戻す可能性がまだあると考えたのである。しかし、フェレンツィは、健康状態からも、ここ数年没頭している臨床実践に集中するためにも、フロイトの期待に沿うことに消極的だった。(6)

この間の経済不安を背景に、ドイツではナチスドイツ政権への決定的な一歩が踏み出されていた。一九二〇年にミュンヘンのビアホール、ホフブロイハウスで結成された党は、ミュンヘン一揆の失敗によって二三年にいったん非合法化されたが、二五年にはヒトラーを党首として再結成され、常に危険視されながらも次第に勢力を高めてきた。

そして、まさにこの年、一九三二年の四月に、ヒトラーがついに大統領選に出馬した。ヒンデンブルクが大勝したものの、ヒトラーは三〇%の票を集め、その人気を印象付けた。さらに、ヴィースバーデン大会の直前の七月に行われた総選挙では、ナチス党が過半数の票を集め、はじめて第一党となってしまった。反ユダヤ主義を掲げる党の躍進は、ドイツのユダヤ人を不安の底に陥れ、多くがユダヤ人であった精神分析家たちの前に暗雲が立ち込めていた。翌年の政権奪取までわずかの時を残すのみである。引き返すことのできない歴史の一歩が踏み出されつつあった。

フェレンツィの試み

しかし、フェレンツィには、不穏なドイツの政情を省みている余裕はない。学会での発表への不安が頭を占めていたからである。ここ何年か進めてきた試みから得た重要な洞察のエッセンスを伝えて、その意義を学会に問うことが今回の発表の目的である。この発表が受け入れられれば、分析という治療実践の世界に自分はとどまることができる。そしてその根本的改革に向けて貢献することができる。しかしもし受け入れられることがなければ……。おそらく自分は今後分析の世界に生きることはできないだろう。分析家たちが、そしてフロイトが、分析と呼んでいるものと、自分が試みている治療はもはや同じ学問の中に同居することができない。しかし彼は、ユングがそうしたように、あるいはそうせざるを得なかったように、精神分析の世界から出たいわけではなかった。分析の発展にこれからも尽くしたい。なぜなら、その試みはまさにフロイトが精神分析をこの世にもたらした努力に沿うもので、精神分析こそが、苦しむ患者のために自分が施そうとしている心理療法の最も優れた技法と信じているからである。フェレンツィにとってこの学会発表は、生涯をかけるほどの意味を持っていた。

では、フェレンツィの「試み」とは何なのか。

フェレンツィは、技法の改革に力を注ぎ、一〇年ほど前から積極技法を試みてきた。ランクとの共著、『精神分析の発展目標』では、技法改革の必要性を熱く説いた。現在標準とみなされている技法で治療が行き詰まったとしても、それは治療不可能なのではなく、今の技法が不十分であるにすぎないと彼は考えた。そして、行き詰まりを打開する方法を、批判を恐れず試みた。

フェレンツィが一貫して用いてきた基本的技法は、『精神分析の発展目標』に記した方法である。また、基本的理論は、『性器理論の試み』で展開した、性の発達理論であり、生命分析理論だった。それは、心身の総合としての個人がこの世に生を受けて以来たどる歴史を詳細に検討することと、過去の外傷体験を今ここの治療場面に再現することで、外傷の痕跡に変化をもたらすことである。そこには、ランクが主張した出生体験から、出生後の母子間の関係、エディプス関係の中に発生するものまで、幅広い体験が含まれる。

ところが、重症患者を前にして、その出生からの人生史を聞き取るうち、彼は、精神分析の文献で扱われていないさまざまの現象に遭遇するようになった。その代表は、いわゆるトランス状態に患者が入る現象である。

つい最近、フェレンツィは、ウィーンの精神分析協会に招かれて講演をしたことがあった。(7)そのときフェレンツィは、本書第一章に登場した男性患者の話をした。(8)トランス状態でフェレンツィに抱きつき、「ねえ、おじいちゃん、僕赤ちゃんができるんじゃないかと心配なんだ！」とたずねた患者である。そのときフェレンツィは、優しく「そうかい一体どうしてそう思うんだい」と語りかけた。そこに子どもがいるように語りかけたのである。この短いエピソードに、当時フェレンツィが取り組んでいた治療の特徴をいくつも見ることができる。

まず扱っている主題として、「子どもが生まれる」という主題がある。『性器理論の試み』の中で彼は、人間がこの世に生を受けて成長する過程を分析した。フェレンツィは、現れ方こそ違え、女性も男性も、この世に生まれ出る以前に戻る願望を持っていること、女性は、その不可能な回帰願望を、子どもの出産という体験を通して代理的に実現するという理論を展開した。この症例報告の患者が、「子どもが生まれる」ことへの思いを表現しているのは、フェレンツィが男児にもある出産願望に焦点を当てていたためである可能性がある。

次に、その願望を成人としての患者ではなく、患者の中にある「子ども」が語っていることがフェレンツィにとって重要である。精神分析の標準技法では、患者が幼児的願望を表現することは望ましいことだが、それを成人言語で語ることが求められる。あるいは患者が幼児的願望を直接表現したとしたら、分析家がそれを成人言語で置き換えて解釈する。ところが、フェレンツィは子どもの言葉をそのまま受け取り、子どもに語りかける言葉で返答した。つまり、子どもを子どもとして受け入れる姿勢を取ったのである。逆に言えば、フェレンツィがそのような姿勢を取っているから、患者がそれほど退行したとも言える。

患者がトランス状態に入って子どもの意識にまで退行するのを許容する姿勢を、フェレンツィはリラクセイション技法と名付けていた。

しかしここに問題が一つある。退行を許容する、あるいは促進すると、患者はますます深く退行し、大人としての約束ごとを守らなくなってしまう恐れがある。要するに、治療者にますます多くのことを要求し、もっと関心を持ってほしい、もっと自分ばかりに時間を使ってほしいといった感情を持つようになるのである。フロイトが、患者の退行を促進させず、大人としての言葉のやり取りで治療を進めることを精神分析の方法論としたのは、まさにこのような問題に彼も悩まされたからだった。

講演が終わると、はたしてウィーンの分析家から質問が出た。「そこまでの退行を患者に許すとすれば、一人の患者しか持てないのではないですか」と。今述べた心配をぶつけたのである。フェレンツィの答えは、「そうです、本当に一人の患者しか持てません」というものだった。この答に聴衆はびっくりして黙ってしまった。フェレンツィは、自分の発表がよく理解されたとは思わなかったが、説得的な反論も受けなかった。居心地の悪い、しかし冷たくはない空気が支配した。

それ以上の反論がなかった一つの理由は、フェレンツィの健康状態である。ウィーンの分析家たちは、フェレンツィの健康状態が良くないことを知っていて気遣っていた。それに、フェレンツィは、重要な理論をいくつも提示してきた偉大なパイオニアである。その人へ強く反論する勇気は誰もなかった。と同時に、フェレンツィが、フロイトの精神分析技法から大きく逸脱しているとみな感じていた。フェレンツィも居心地が悪かったが、分析家たちも複雑な感情に支配されていた。分析家たちを支配していたのは、フェレンツィへの対抗心とか疑念よりは、精神分析運動という自分たちの活動が、フェレンツィという偉大な創造的精神を失ってしまったという喪失感だった。分析家たちにとって、フェレンツィの試みは、もはや彼が精神分析の外に出てしまったことを意味したのである。

フェレンツィの逸脱を象徴する出来事が最近あった。分析を受けるために前年にブダペストに滞在していたクララ・トンプソン[9]が、「私はフェレンツィ・パパに好きなだけキスしていいのよ」と患者仲間に言ったのである。[10]これがフロイトに伝わり、フェレンツィはフロイトからその技法を手厳しく批判された。もちろんこれが本当であれば、精神分析でも他の心理療法でも許されない行為である。フェレンツィが許す患者の退行は、極端なところまで進んでいた。

攻撃者への同一化

もう一つの重要な要素は、彼がここで患者の中の子どもを一つのまとまった人格として受け取っていることである。言い方を変えれば、人格の解離を治療の対象としているのである。『日記』には、「人格の分裂」という言葉がたびたび登場する。当時「解離 dissociation」という言葉が精神分析の世界で用いられていなかったので、「分裂 Spaltung, splitting」を彼は用いたが、今日であれば、解離と呼ぶ現象である。

若い日に遡ると、人格に多数の部分があることは、心霊術や催眠への関心を通して心の世界に近づいた病院医時代からフェレンツィの視野に入っていた。フェレンツィは、二年前のオックスフォード大会でリラクセイション技法を発表したとき、次の言葉から語り出した。

「きっと皆さんのなかには、私がつけた『技法の進歩』というタイトルは適切ではなく、むしろ後退とか反動とか言った評価にふさわしい内容ではないかと感じられる方がおられるでしょう。」

つまり、最近の自らの治療実践がある部分、フロイトが精神分析を確立する前、ヒステリー研究を行っていた時代への「回帰」であると意識していたのである。一八九三年に初めて読んだフロイトとブロイアーの共著論文に含まれていた要素の多くをフェレンツィはあらためて治療の指導原理としていた。「ヒステリー症状の誘因は、過去の出来事である」「その出来事の思い出が症状をもたらしている」「その思い出を完全に、明晰に喚び覚ます」「随伴する情動を目覚めさせる」「患者が出来事を物語る」「情動に言葉を与える」のいずれも、もしそれが実現できるなら有効とフェレンツィは考えていた。

しかし、今直面している問題は、「思い出」「想起」の問題だけでなく、想起を困難にしている人格の解離であった。そしてフェレンツィが思い至った重要な発見は、解離が発生する原因である。患者の人生史の聞き取りと、トランス状態における体験の再現から、その原因が幼児期の虐待体験にあることに気づいたのである。

たとえば、暴力にさらされた子どもは、肉体的苦痛を意識から切り離し、苦痛を感じなくなる。さらには、意識が身体から外に出て、暴力を受けている自分を外から見る体験をする。つまり、観察する自我と、体験している自我に分裂する。そうした解離の跡は長期間持続し、ある種の体験を意識から切り離することが常態化する。すると、意識の外の意識がまとまりを形成し、一つの人格部を形成する。その場合、ある人格部にとって接近の難しい記憶が、別の人格部の意識に移行することでありありと蘇ることになる。

苦痛の解離だけではない。別の種類の人格の分裂があることにフェレンツィは気付いた。子どもが暴力を受けた時の様を彼は次のように記述する。子どもが攻撃を受けると、自分を守るために、「攻撃者のあらゆる欲望の動きを汲み取り、それに従わせ、自らを忘れ去って攻撃者に完全に同一化[11]」する。つまり、攻撃者に同一化することで、攻撃を避ける、あるいは少なくとも最小限に止めようとするのである。その結果、攻撃者との同一化による解離が発生する。つまり、人格の内部に、攻撃者起源の人格部分が生まれるのである。

「取り入れ」という概念をはじめて用いたのはフェレンツィだったが、この取り入れは、主体的に行う通常の取り入れではなく、それしか生き延びる手立てがないという状況の中で強制的に取り入れられるものである。フェレンツィは、日記で「植え付け」という言葉も用いている。攻撃者の人格の一部が自らの中に取り入れられる結果、被害者の人格の一部は攻撃者に同一化する。おそらくは、その暴力性、強制力の程度によって、取り入れから植え付けまでの段階があるのであろう。もっとも暴力的な場合、もともとの人格構造が破壊され、人格としてのまとまりを持たないバラバラの人格部が発生する。それを彼は、「断片化」、「原子化」といった言葉で呼んだ。もともとの人格の断片もあれば、植え付けられたものもあるはずだが、それぞれの由来を確認することはもはや困難である。

攻撃者との同一化が発生するとき、被害者の意識はもはや自身の内面に向けるゆとりがなく、完全に攻撃者に方向付けられる。フェレンツィは、治療場面において、同様の意識の集中が治療者に向けられるのを体験した。「患者は、分析家のなかに起こる思考と感情をほとんど千里眼的に知る驚くべき能力を示します[12]」と彼は言う。「心を読む」「千里眼的な」能力は、若い頃から彼の関心の対象であったが、ここで、幼児期の暴力体験に由来する自己防衛能力として理解し直されたのである。

霊的な力への彼の視点は、攻撃者の観察という方向だけでなく、子どもの中に生まれる、あるいはもともとある、上位の力の認識にも至る。自身を救う高次の存在に彼はオルファ Orpha の名を与えた。さまざまの性質と役割を持つ多数の人格が同居するこうした状態は、現在、障害名としては解離性人格障害、状態としては第三次構造的解離[13]という名称で理解されている。フェレンツィの記述はまだ理論的に整理されたものではなかったが、解離現象を彼が日々観察していたことを示している。

ブダペストの患者たち

フェレンツィが治療に取り組んでいたのはサヴァーンだけではない。その他にも、複雑な問題を抱えた患者たちがフェレンツィの元を訪れていた。そして、興味深いことに、その多くがアメリカ人だった。『日記』に登場するそれらの患者たちは、サヴァーンを表すRNのほか、Dm、Ett、S・I、B、U、O・S、N・D／N・H・D、G・という略号で登場する。彼ら（多くは彼女ら）には波乱万丈の人生史があった[14]。サヴァーンのように、患者となるからにはそれなりの苦難の人生があるのは当然としても、それ以上の意味で波乱万丈である。その理由の一つは、彼らがみなアメリカの富裕層の出身だったことにある。そもそも、ブダペストまではるばる治療を受けに来れること自体、それだけの財力を持っていることを表している。そして、この時代のアメリカの富裕層には、常人の想像を超えた人生があった。

たとえば、O・Sと記される女性、ナタリー・ルイーゼ・ロジャーズ[15]は、銀行家の家系の出だった。母親は彼女を生んだ後離婚していたが、ナタリーが九歳の時にニースで再婚し、四日後の一九一二年四月一〇日にシェルブールからタイタニック号でニューヨークに向けて出発し、救命ボートに乗って生き延びた。当然一等客室の客だったろう。ナタリーは探検家になって、ブラジル、アマゾン奥地に足を踏み入れた初めての白人女性となり、サル、インコ、オウムを連れ、ワニ皮を携えて帰国した。メキシコのセリ族の調査のためティブロン島を訪れた初めての白人女性でもある。彼女は、N・D／N・H・D・という略名を持つ、ロベルタ・ネダーホード[16]ともにハンガリーのフェレンツィを訪れた。サヴァーンの娘マーガレットはしばしば二人と交遊していた。

S・Iと記されるハリオット・シグレイ[17]は、アメリカで最も裕福な一人ともいわれた炭鉱主の末娘である。その父親は、一五歳でアイルランドからアメリカに渡り、立身出世した人物である。彼女は、ハンガリー伯爵のアンタール・シグレイ[18]と結婚して、ハンガリーに住んでおり、フェレンツィのアメリカ滞在前から治療が始まっていた。どのような経緯かわからないが、ハリオットははじめサヴァーンの患者で、サヴァーンがフェレンツィを紹介したらしい。彼女は、ブダペストの精神分析クリニックに多大な寄付をし、フェレンツィの死後も精神分析を支え続けた。彼女の姉は、ウィルソン大統領の指名で駐独アメリカ大使となったジェームズ・ワトソン・ジェラルドと結婚した。一九三三年にヒトラーの『我が闘争』を批評し、反ユダヤ主義を激しく非難した人物である。彼は、妻の妹からハンガリーの情勢やフェレンツィについて何か話を聞いていただろうか。シグレイ家はのちにナチスの迫害を受け、伯爵は強制収容所も経験した。

その他の患者たちも含め、ハンガリー語の環境に置かれたアメリカ人たちは、治療以外の場で交流し、相互に影響しあっていた。『日記』からも読み取れるように、彼女らはフェレンツィの分析を受けながら互いに交流して、お互いの間にさまざまの、ときに錯綜した人間関係を引き起こしていた。なかでは珍しく男性の不動産業者、テオドール・ミラーは、何人もの女性と関係をもって問題を引き起こしていた。こうした状況はもちろん分析治療をする上では困ったことである。治療者と患者の一対一の関係以外の要素が紛れ込んでくるからである。それにしても、何人もの患者にサヴァーンが絡んでいることにあらためて驚く。こうして見ると、まるで、アメリカという国の病理を背負った患者たちがブダペストという町に入院して、グループ治療を受けているような様相である。

こうした状況が生まれた理由は、一つには数年前のアメリカ訪問以来、治療者としてのフェレンツィの名声がアメリカに定着したからであろう。誰かひとりが次々と患者を紹介したというわけではなく、共有されていたフェレンツィの評判を聞いた裕福な人々が集まってきたのである。

これらのアメリカ人患者たちの中で、精神分析にとって最も重要なのは、『日記』にDmの名で登場するクララ・トンプソンである。(19) トンプソンは、サリヴァンがフェレンツィの実力を認め、ブダペストに言わば送り込んだ同僚である。

トンプソンは、フェレンツィの前でかつて受けた性的虐待の事実を明かしていた。深く退行して、フェレンツィにキスを求めたことがフロイトに知れ、フェレンツィがフロイトから批判されることになったことはすでに述べた。(20) クララ・トンプソンに関する『日記』の記述を見てみよう。

「彼女は子ども時代、自制心に欠けた父親からひどい性的虐待をうけていた。なのにそれに続いて、明らかに良心の呵責と社会的不安に父親がかられたためだが、父親からの誹謗中傷にさらされた。この娘に残された道は、自分自身の人生に失敗することで間接的に父親に復讐することだけだった。」

トンプソンは、フェレンツィに対し父親転移を起こしながら、治療による退行によってそれまで禁圧していた感情があふれ出てきたようである。『日記』から推測すると、サヴァーンとの間にライバル関係が生まれていた。サヴァーンとトンプソンは、受けた教育や職歴には大きな差があったが、フェレンツィの分析を受けている心理療法家として互いに彼との近さを競い合っていた節がある。また、トンプソンは滞在中テオドール・ミラーとずいぶん親しかった。治療による退行のなかで生じた行動化だったとしても、プロの心理療法家としてトンプソンの振る舞いはいかがなものかと見えてしまう。ただし、トンプソンと親しく接した人によれば、それまで感情を表すのが極めて苦手だったトンプソンは、フェレンツィの分析によってずいぶん変わり、感情豊かな人となったという。

フロイト訪問

何人もの患者との経験から最近何年かの間にフェレンツィが発見した現象、そしてそこから生まれてきた理解は、過去の自分の理論に大きな修正を強いるものだった。

まず、「性器理論」に展開した理論は、もはや納得できるものではなかった。その理論は基本的に、人間がこの世に生まれ出て、女性あるいは男性という人格が成長する普遍的な過程を記述するものだった。

それが社会的逸脱の形を取る場合も、発達の道筋や固着点の個人差によって生じるものだった。ランクの出生外傷の考え方も取り入れていた。

しかし最近の発見からすると、重症神経症の病因は、皆が通り過ぎる出生と成長のプロセスにはない。子どもが受ける暴力的な関わりこそがその成因である。何より、今まで性の発達によって起こると思っていた子どもの性的行動は、実は、親などが子どもに性的暴力を加える際の親の欲望を子どもが取り入れ、大人に同一化した結果であるとフェレンツィは確信した。

こうした発見を論文にまとめなければならない。ヴィースバーデン会議に向けて発表を準備する中で、フェレンツィが焦点を当てた主題が、虐待による「攻撃者との同一化」だった。日々生まれるアイデアの量は膨大である。それらを網羅することが不可能なのははじめから分かっていた。この主題に絞れば、アイデアのエッセンスを伝えることができるだろう。発表主題が決まると、フェレンツィの気持ちは落着いた。

ただ、主題が明確になって六月頃から発表の準備をはじめたものの、七月のドイツ総選挙を経て、会議の開催さえ危ぶまれだした。フェレンツィにはドイツ旅行への不安が募っていた。会議がもし無事に開催されたとしても、かろうじて参加できる者の「残党議会」[21]の様相を呈するかもしれない。落ち込む気分をなんとか高めるのがやっとであろう。会議としてはあまり見栄えのしないものになるのではないか。発表原稿は八月の初めにはほぼ完成していたが、それ以上の準備を一日一日と先延ばしている状態だった。

フェレンツィの気持ちは、八月中旬にようやく固まった。学会に参加すること、会長の座を断ることの二つについてである。二一日に、辞退の決意を次のようにフロイトに伝えた[22]。

「すでにお伝えした理由に加えて、私の分析実践をさらに深く効果的なものに構築する努力の中で、私は紛れもなく批判的、自己批判的な気分に支配されています。いくつかの観点から、私たちの技法的、そして部分的には理論的な見方についても、拡張のみならず修正を要請するはずのものです。そのような知的姿勢は、あらゆる観点から見て会長の尊厳にふさわしくないという気持ちになっています。会長の主たる関心が、すでにあるものを保ち、確かのものとすることに注がねばならいことを考えると、その地位を占めるのは誠実ではないと私の気持ちが言うのです。」

おさえた表現だが、学会が保守的になっていることへの批判が込められている。フロイトはこれに答えて、フェレンツィの辞退を受け入れながらも、それでも決定的な理由にはならないと、説得の可能性を残している。フェレンツィは、学会前にフロイトに会いに行きたいと以前伝えていたが、旅行計画は直前まで決まらなかった。ヴィースバーデンへの途上でウィーンに寄ることを伝える手紙を書くことができたのは二九日だった。列車の便が決まると、電報で九月二日昼の到着を知らせた。彼がこの会議に賭ける気持ちは強かった。会議前にフロイトの前で原稿を読み、フロイトの理解を得ること、それが望みだった。大会が終われば、バーデン・バーデンのグロデックを訪ねて休息してから、南仏に保養に出かける予定を組んで、ギゼラとともにブダペストを出発した。

フロイトとは久しぶりの再会である。前年に講義のためにウィーンを訪問したが、フェレンツィが距離を置いたことと、フロイトの体調不良の両方から、ほとんど会わなかった(23)。フロイトは、すでに七六歳である。上顎癌が発見された時には危ぶまれた健康状態だったが、手術を繰り返しながら病を乗り越えてきた。近年は、学会に参加することはなく、自宅での分析と執筆活動に専念しながら、多くの訪問者と会い、手紙を通して学会運営のあらゆる事柄に精力的に関わっていた。

フロイトは、最近のフェレンツィの態度から、また治療実践におけるフェレンツィの逸脱から、大いに心配していた。ただ、理論上、実践上の相違点において反論することはあったとしても、長年築いてきた友情を裏切る行為をフェレンツィはしたことがない。他のメンバーとの間に起こった軋轢を調整するのに長けたフェレンツィは、フロイトと自身の間の軋轢についても同じ姿勢を保ち、意見対立があったとしても関係を良好に保とうとする努力をつづけた。五月の誕生日には、膝の治療のためウィーンを訪れたギゼラにフロイトへのプレゼントを託していた。若い頃のギゼラを知り、フェレンツィに彼女との結婚を勧めたフロイトは、その時のことを「これほど長い空白の後会ったにもかかわらず、私たちはすぐに心を開き、親愛の情を交わしました。年齢は彼女の秀でた魅力に何の変化も及ぼしていません」と書いた。

しかしこの日の目的は、旧交を温めることではなく、ヴィースバーデンでの発表論文をフロイトの前で読むことである。フロイトから見て、訪れたフェレンツィの表情は思いの外硬かった。いつもの笑顔を見せるギゼラと対照的であった。部屋に入ると、フェレンツィは早速原稿を読み始めた。しかし、読み進めるにつれ、フロイトが苛立ちを募らせているのがフェレンツィにはわかった。途中でなぜかブリルが部屋に入ってきた[24]。ブリルが同席することなど聞いていなかったフェレンツィは驚いたが、それまでの部分をブリルに向けて要約してから、声を落とすこともなく読み続けた。そのうち、ついにフロイトが制止した。

「君は危険な領域に足を踏み入れている。精神分析の伝統的習慣と技法から根本的に離れようとしている。患者の求めや願望にそれほど屈するのは、それがどんなに真摯なものであったとしても、分析家への依存を高めてしまう。そういう依存は、分析家側の情緒的撤退によってしか打ち破ることができない。[25]」

この言葉と、おそらくはフロイトの語気から、フェレンツィはこれ以上は意味がないと悟り、読み上げを終えた。そして、別れの気持ちを手振りで表わした。フロイトは立ち上がって背を向け、そのまま部屋を出て行った。二人の最後の別れだった。

フロイトは直後に出したアイチンゴンへの手紙に、フェレンツィの話は、「全く陳腐で、何も新しいところがない」と酷評した。フロイトにとって、フェレンツィの実践は、ヒステリー研究時代の経験の繰り返し、しかも失敗の繰り返しに過ぎず、新しさは何もなかった。

ところで、同席していたブリルは、アメリカの精神分析学会の中心人物であり、ユングとの講演旅行で案内役を務め、一九二六年の長期滞在中には微妙な距離を保ったあのブリルである。フェレンツィは、フロイトが第三者的証人をその場に置こうとしたと感じて、学会が終わってから不快の気持ちを伝えたが、フロイトは、ブリルはたまたまいただけで、しかも途中からしか同席していない。それに君は、すでに内容を自分でブリルに伝えていたではないか、と反論した。

ブリルはヴィースバーデン大会で発表を行っていないので、おそらくは、非医師分析家問題の決着を図ることを主目的としてこの時期ヨーロッパに滞在していたのであろう。それにしても、ユングとの講演旅行以来、ブリルは大事な時にいつもいる。そしてフェレンツィの動向をいつも見ている。にもかかわらず、見聞きしたものについて何も書き残していない。ある意味不思議な分析家である。
フェレンツィは見送られることもなくフロイトの家を出て、ヴィースバーデンに向けて旅立った。

最後の学会

傷心のフェレンツィが参加したヴィースバーデン会議は、九月三日の夜九時から始まった。会場は、温泉施設と、会議場、コンサートホールなどを持つクアハウスである。ヴィースバーデンが華やかに栄えた時期に建てられたものなので、絢爛豪華な内装を誇っている。しかし、栄時の雰囲気はもはやなく、会議は、警察の監視下で行われ、ナチスが第一党になったことを如実に感じさせた[26]。

図13　ヴィースバーデンのクアハウス

フェレンツィの発表はプログラムの冒頭に置かれていた。大会長のマックス・アイチンゴンは、大会長として、ここしばらくのフェレンツィの動向についてフロイトと連絡を取り合っており、フェレンツィの発表内容に危惧を抱いていた。学会が始まる前の会合で、発表を取りやめさせるアイデアさえ出ていた。フェレンツィの発表を待つ参加者は、警戒と疑心暗鬼に支配されていた。フェレンツィが会長に返り咲いて挨拶するのを望んだフロイトの淡い期待とは懸け離れた雰囲気だった。

九時になると、アイチンゴンが、「困難な状況下にもかかわらず、私たちが置かれているこの時代のあらゆる苦難と抑圧にもかかわらず、この会合に参集くださった皆さんに感謝します」と切り出し、会議が延期され、場所を変えた事情を説明した(27)。

フェレンツィの頭には、さまざまの思いが駆け巡っていた。発表しようとしている内容に関する自負、精神分析にもたらすはずの貢献への確信とともに、それが巻き起こすかもしれない混乱、反論への不安にも圧倒されていた。そしてフェレンツィの発表が始まった。フェレンツィは、論文を予定通り読んだ。タイトルは、今日著作集に収録されているタイトルと異なり、「大人の情熱と、子どもの性発達、性格発達におよぼすその影響(28)」である。読み終わったときの聴衆の反応は、全くの沈黙、無視であった。おそらく、前年のウィーンでの講義の時と同じく、聴衆を支配したのは、フェレンツィが精神分析から逸脱してしまったことへの確信と、彼の健康状態への懸念であったろう。フロイトの反応から予想されたことではあったが、フェレンツィの失望は大きかった。

フェレンツィの消耗をよそに、学会は予定通り進んでいった。五日の朝九時から始まったセッションでは、マイケル・バリント、マリー・ボナパルト、アンナ・フロイト、リヒャルト・シュテルバ、テオドール・ライクが発表した。ライクの「分析技法の新しい道」もまた、分析からの逸脱とみなされる試みであった。

発表以外にも、精神分析の基盤を築く上で重要な議論が交わされ、決定された。その一つは、国際訓練委員会であり、前回のオックスフォード大会の際に委員会で議論された基準が、この会議で決定された(29)。ここで定められた重要なポイントは、分析訓練に最低三年を要すること、訓練分析を必要とすること、講義による理論学習を標準化することなどである。また、各地の分析協会が外国人の訓練生を受け入れる際には、訓練生が所属する国の協会の許可が必要であることになった。

この決定には、非医師分析家についての対立が関係していた。つまり、アメリカの非医師がヨーロッパの分析協会で勝手に資格を取ることを制限するためであった。非医師分析家については、フェレンツィのアメリカ滞在以降も議論が重ねられたが、結局、国際的に統一基準を定めることをせず、各協会で定めるという妥協案で決着がついた。くだいて言うなら、アメリカはアメリカの方法で訓練させて欲しいというところで妥協したのである。

もう一つの重要な決定は、日本の精神分析協会を正式の支部に認定したことである。精神分析を知った日本人は、東大－ホール路線で学んだ久保良英などだけではなかった。イギリスで個人分析を受けてウィーンを訪れ、フロイトに会って精神分析家の資格を得た矢部八重吉(30)らが中心となって、一九二八年に東京精神分析学研究所が創設されていた。矢部は、ニューヨークのコロンビア大学で心理学を学んだ後、鉄道省に入って、公務でヨーロッパを訪れる中で精神分析を学んだ。コロンビア大学と言えば、同年代のブリルが医学を学んでいたので、何か接点があったのではと考えてみたくなるが、矢部の生涯の詳細は分かっていない。

日本支部の決定は、日本にとってだけでなく国際学会にとって大きな意味があった。つまり、アメリカとの共存を探る過程で見えてきたように、精神分析が真に国際的に展開するには、各地域の事情に配慮しながらも、精神分析という一つの実践と理論を確立していかねばならない。日本という遠く離れた東洋の国の支部を公認することは、それだけ文化が異なった国においても「精神分析」が可能であるという姿勢を明確に表明したことになる。

また逆に言えば国際的展開のために、訓練基準の制定に見られるように、精神分析の標準化が必要となる。「精神分析実践とは何か」を問い、標準技法を明確にすることが目指されなければならない。フェレンツィの試みが標準からの逸脱とみなされたのは、こうした背景のもとでのことだった。議論は標準技法の固定化の方向に向かい、フェレンツィが一九二三年に『精神分析の発展目標』で主張した、新しい技法の開発の機運は消えていた。その頃以上に、今まさに誰も試みていない臨床実践を展開しているフェレンツィを受け容れる隙間はなかったのである。

最後の訪問

学会が終わると、フェレンツィとギゼラは、バーデン・バーデンのグロデックを訪ねた。長年の深い友情に支えられたフェレンツィとグロデックは、再会を喜び合った。グロデックは、フェレンツィたちをいつも通り歓待したであろう。しかし、グロデックにはフェレンツィの消耗が一目でわかったはずである。彼に今必要なのは休息であった。

一九二一年のクリスマスの手紙に表現された、フェレンツィのいわば激しい片思いから始まった二人の交友は、最初の激しさこそ消えて穏やかな友情に移っていったが、毎年のサナトリウム訪問となって今に至っていた。グロデックは、精神分析のサークル内にあった党派的な動きを嫌い、一定の距離を置いて分析家たちと付き合っていた。学術的にも、精神分析学会よりは、一般の医学会や心身医学の領域で活動していた。その姿勢も、温泉の効果と並んで、フェレンツィにとっては唯一と言っていいかもしれない安全基地を提供していた。

ただその友情の歴史に一回だけ不協和音が発生したことが近年あった。三年前の一九二九年のことである。グロデックのアイデアをまるで自分の独創であるかのように論文に書いたと、グロデックがフェレンツィに噛み付いたのである。いくら親しい間柄でも、歯に衣着せぬ言葉を浴びせるのが、グロデックの性格だった。

グロデックが引っかかった言葉は、その年にフェレンツィが書いた「男性性と女性性」に登場する次の一節である。[31]

私は、抑圧や象徴形成といった純粋に心理学的な概念から器質的過程に移行しただけである。しかし、心的なものから器質的なものへのこの独創的飛躍が実のところ誤りに過ぎず、発見と呼びたくなるくらい手際のよい手品みたいなものではないのか、確信はない。私はどちらかといえば発見と考え、これらのアイデアに新たな探求の方向の始まりを見たい。ともかく、私はこうした探究方法にあえて一つの名前を与え、「生命分析」と呼んだ。(BZP III p. 460)

ここでフェレンツィが「独創的飛躍」という言葉を使ったことに、自分の貢献を意図的に無視しようとしているのではないかとグロデックは疑った。フェレンツィのこの考え方自体は、「性器理論」ですでに論じたことである。ただ、この時期になって、「独創」という言葉でこれを呼んだことに引っかかったのである。グロデックは、心から身体への飛躍の所有権は自分にあり、フェレンツィの独創があるとすれば、「生命分析」という言葉の選択だけだと主張した。

フェレンツィはグロデックから受け取ったこの非難の手紙に対し、批判されたすべての箇所について、「私の良心がそれを求めれば」、グロデックの満足のいくように修正すると答えた。また、直後にあったオックスフォード大会の発表で、自分が病を診てもらったときに、「器質的病の精神分析の勇気ある先駆者、ゲオルク・グロデックから受け取った印象に間違いなく影響を受けています[32]」と述べて、グロデックへの配慮を見せた。

このエピソードは、二人の関係をよく表している。まず、フェレンツィがグロデックから得たものの大きさである。グロデックとの出会い以来、フェレンツィは理論においても実践においても、常に、身体的なものを扱い続けた。今の引用にあるように、心理過程に影響を与える外部の力としてではなく、精神分析で心理過程と見なされているものの中に常に器質的過程を見る姿勢である。グロデックの目には、フェレンツィが自分の理論をそのまま使っているように見えたとしてもおかしくはない。

その一方で、二人の視点の間には基本的な相違があり、それがこの不協和音の背景になっている。グロデック医学の基本は、身体疾患の意味の理解にある。グロデックの言うエスは、欲動のありかであるフロイトのエスと異なり、器質的な身体の中心にある。エスが身体症状を通して伝えることを読み取っていくのが治療者の仕事であり、その点で分析という仕事の延長上にある。ただ、実践的には、そうした意味の理解を患者に伝える解釈を用いるわけではなく、退行を通してエスの力を最高度に活性化させることがグロデックの治療技法である。言わばエスの力に委ねることが何よりも重要である。彼にとって、精神分析の解釈技法は知的側面に偏っている。身体症状に変化をもたらす可能性は、心身の境界を越えた、生命的、生物的存在としてのエスの力によってもたらされるのであって、意識という小さな世界の変化の作用は限られる。

フェレンツィの技法では、リラクセイションによって退行を促進しつつも、そこで現れてくる素材から過去の外傷体験を再現し、何があったかを、そのときの思考、感情、感覚、身体反応を含めて意識で把握することが重要になる。理解の対象の中核に、事実としての外傷的出来事を置くのが最晩年のフェレンツィが辿りついた外傷治療論である。その際、意識は、解離した心的部分、あるいは部分人格をつなぎ合わせる場として治療の中核に置かれる。外傷的出来事は、意識でそれをとらえ、時間経過を伴う一連の出来事として把握されて初めて意味のあるものとして位置づけられると彼は考えた。

エスというアイデアに大いにひかれ、自らの貧血の改善のためにグロデック的なエスの力に期待したフェレンツィであったが、意識による理解があってのことと考えていた。その意味で、彼は精神分析から出ていないつもりだった。論文でグロデックの名に触れなかったのは、自分の心身論がグロデックの立場とは異なっていると考えていたからであり、逆に言えば、グロデックと同一視されるのを恐れたからとも思われる。

もしこの推測が正しいとすれば、グロデックから批判されたときフェレンツィは戸惑ったであろう。グロデックから得たものが大きいことは疑いなく、その気持ちは学会の発表に盛り込んだ。しかし、「あなたとは違うところがある」という反論をグロデックにするのは気が進まなかったに違いない。その違いをこと細かくグロデックに伝えたとして、果たして理解してもらえるかどうかおぼつかなかった。おそらくは実践領域の違いや基本的人間観に属するところに違いがあり、議論は果てしないものになるだろう。グロデックとは、そんな論争を展開するより、ある部分を共有しながら友情で結ばれていたいのだった。

おそらくはグロデックの方もそのあたりの機微に気づいたのだろう。誤解についてこれ以上議論したくないとフェレンツィに言ってきた。フェレンツィは、二人の間に考え方の相違があるとしても、友情への妨げには全くならないと返し、その夏もまたグロデックのサナトリウムで過ごした。不協和音はこうして解消したのである。

三年前にそんな緊張が走ったことがあることは、二人の頭にもう浮かぶこともなかったであろう。フェレンツィは、グロデックの治療を受けながらバーデン・バーデンのサナトリウムで保養した。フェレンツィが死を望むことは一度もなかったが、ここに滞在するたびに、「ここで死にたいものだ。あなたのいるここで」と言っていた。[33] それほどグロデックのサナトリウムは彼に安らぎを与えたのである。しかしこのときに限れば、バーデン・バーデンでの保養も、彼の深い疲労感を改善させなかった。それどころか、そのあと向かった南仏への旅でますます悪化していった。[34] ビアリッツ、バニェール＝ド＝リュションなど、フランス南西部の保養地を巡ったが、ゆっくり過ごすどころか、ほとんどベッドからベッドへの旅[35]となってしまった。

その間も、彼の頭は、今回の衝撃体験に由来する消耗を、生命分析的に、理解しようとして動き続けた。ビアリッツ滞在中に記したメモが残されている。[36] その疲労は、「私たちの歩みを誘導する人物に……寄りかかる（あてにする）」ことが突然できなくなった状態に起因し、「私たちを支える力は私たちを見捨てないという安心感」にあった子ども時代への退行が、行動への意志を喪失させているためと彼は考える。具体名は登場しないが、明らかにフロイトという導き手を失った衝撃が身体を破壊していると分析していた。

彼が予定を早めてブダペストにたどり着いたのは一〇月一日のことだった。八月まで継続的に書いてきた『日記』は、ヴィースバーデンに出発してから中断していた。しばらく留守にしたリスニャイ通りの家に戻ったフェレンツィは、一〇月二日に日記の続きを書いた。『日記』は、彼にとって後の出版を考えた特別な媒体であり、他のメモ書きとは一線を隠す意味を持っていた。[37] ヴィースバーデン体験を経た久しぶりの記入に気持ちが引き締まる思いでペンを手にしたであろう。第一行は、

「ψにおける退行——分析中にψ-胎児状態。（器質的解体において。）」

と始まった。ψ（プシー）は、「心」「魂」を表すギリシャ語のΨυχή（プシケー）の略である。身体が解体する中で、心は胎児状態にまで退行していることを意味している。そして、第二行にペンを進めた。

「死亡状態へさらに退行。（まだ生まれていない存在は危険そのものである。外傷的なものへそこまで沈潜してから人格の問題を新たに解決することは可能か。）」

彼は自身の状態を、「退行」として捉えていた。出生前までの状態に退行してそこからの「新生 new beginning」[38]が可能なものか考えていた。それにしても、この新生は、今までの「自己」の大部分を放棄して、新たな「自己」を構築することを意味する。

「そしてもし従来の人格は偽りで頼りにできないと考えて放棄しなければならないとすれば、新たな赤血球を今形成しなければならないのと同じように、（可能ならばだが）新たな人格の基盤を創造しなければならないのか。私に残されているのは、死かそれとも「自らの再調整」かという選択なのか。——それにしても五九歳になってそれをするのか。」

悲痛な思いである。赤血球の形成と人格の基盤を並べるここにも、心理分析を超えた生命分析の視点がある。このころ彼は、「悪性貧血」の最終的な診断を受けた。唯一の慰めは、「教え子の私への信頼」

であり、「とりわけ生徒でも教師でもある一人の人物の信頼」であった。この人物とは、フェレンツィの遺産相続人となって残された著作の出版に尽くしたマイケル・バリントのことだろう。バリントは、ポリクリニックの所長として精力的に活動しながら、フェレンツィの家をたびたび訪れ、師の健康を気遣いながら、ブダペストの、そして世界の精神分析の未来について語り合っていた。

『日記』はこのあと数頁を残すだけである。今の悲痛な言葉と対照的に、最終頁は、「希望」のタイトルで始まる。もはや文章の記入はなく、短い言葉の連続となって、「突然の母性」「知性の開花」「全知」「霊媒性」「癒し人《ヒーラー》」などの言葉が並べられていく。おそらくはサヴァーンと再開した分析に起こった出来事を踏まえた言葉である。そして日記は、次の言葉で終わり、以後書き継がれることはなかった。

　罪
　告白
　許し
罰がなければならない。（痛悔。）

注

（1）フェレンツィは、二日にウィーンのフロイトを訪ね、短い訪問の後すぐヴィースバーデンに向けて出発し、三日にヴィースバーデンに到着したと思われる。八月二八日に出したと思われる電報。『往復書簡3』p. 442.

（2）Peter T. Hoffer & Axel Hoffer, Ferenczi's fatal illness in historical context. *The Journal of the American*

Psychoanalytic Association, 47 (4), 1999, 1257–1268.

（3） 『グロデック書簡』p. 104, n. 4.

（4） psyalpha. Kongresse 1920–1932.

（5） 『往復書簡3』一九三二年四月二一日付。p. 428–430.

（6） 『往復書簡3』一九三二年五月一日付フェレンツィ手紙、五月五日付フロイト手紙。p. 431–435.

（7） Richard F. Sterba *Reminiscences of a Viennese Psychoanalyst*. Wayne State University Press, 1982. p. 71. 書簡からすると、一九三一年のウィーン滞在期間のことと思われる。『往復書簡3』p. 413.

（8） 「大人との子ども分析」『貢献』一二六頁。

（9） 『日記』にDNのイニシャルで登場する。ハリー・スタック・サリヴァンに勧められてフェレンツィに分析を受けていた。

（10） 『日記』三―四頁。

（11） 「大人と子どもの間の言葉の混乱」『貢献』一四五頁。

（12） 同右、一四三頁。

（13） オノ・ヴァンデアハート、エラート・R・S・ナイエンフュイ、キャシー・スティール『構造的解離――慢性外傷の理解と治療　上巻（基本概念編）』野間俊一・岡野憲一郎監訳、星和書店、二〇一一年。

（14） 患者たちの実名は、サヴァーンとクララ・トンプソン（Dm.）以外近年まで不明だったが、ブレナン氏の精力的な調査によってすべてが明らかになっている。これほど古い時代の患者たちのアイデンティティがすべて明らかになったのは、彼らがアメリカ人であり、たがいに交流していたため、書簡などから辿っていけたからである。B. William Brennan, Decoding Ferenczi's Clinical Diary: Biographical notes. *American Journal of Psychoanalysis*, 75, 2015, 5–18.

（15） Natalie Louise Rogers（1902–1949）

(16) Roberta Alice Vera Morphet Nederhoed (1891-1947)
(17) Hrriot Sigray (1884-1950)
(18) Antal Sigray (1879-1947)
(19) Clara Mabel Thompson (1893-1958). 次の文献を参照。Sue A. Shapiro, Clara Thompson: Ferenczi's messenger with half a message. *The Legacy of Sandor Ferenczi.*
(20) 『日記』三一四頁。
(21) 『往復書簡3』八月一一日付。p. 440.
(22) 『往復書簡3』p. 441.
(23) 『往復書簡3』p. 418. 一九三一年九月一八日付、フェレンツィ宛手紙に「あなたが前回ウィーンに来られた時にはほとんど会えなかった」とあるが、どのような形でどの程度会ったのか書かれていない。キス技法への批判の手紙は、この年の一二月一三日に書かれた。p. 421-423.
(24) 『往復書簡3』フェレンツィ、九月二七日付、フロイト一〇月二日付。p. 443-445.
(25) フェレンツィがイゼット・デ・フォレストへの手紙に記したフロイトの言葉から再現したもの。八月二九日手紙への注。『往復書簡3』p. 443.
(26) 『グロデック書簡』p. 104, n. 4.
(27) psyalpha. Kongresse 1920-1932.
(28) Dr. Sándor Ferenczi: Die Leidenschaften der Erwachsenen und deren Einfluß auf Sexual- und Charakterentwicklung der Kinder.「大人と子どもの間の言葉の混乱—やさしさの言葉と情熱の言葉」『貢献』一三九—一五〇頁。
(29) psyalpha. Kongresse 1920-1932.
(30) 矢部八重吉（一八七五〜一九四五）『精神分析事典』岩崎学術出版社、五五七頁。

(31) Männlich und weiblich. Bausteine zur Psychoanalyse. III. Band, Fischer Taschen buch, 1984, 435-467. Male and femal *thalassa*, p. 96-107. グロデックが噛み付いた箇所をこことするのは、書簡集の編者の推測である。
(32) 「リラクセイション原理と新カタルシス」『貢献』一一八頁。
(33) ギゼラがグロデック夫妻に宛てた一九三三年一一月二日付手紙。『グロデック書簡』p. 108.
(34) 『往復書簡3』一九三二年九月二七日付。『グロデック書簡』一九三三年三月二〇日付。
(35) 『往復書簡3』一九三二年九月二七日付。フランス語 voyage de lit-á-lit
(36) 「断片と覚書」九月一九日。『貢献』一八三―一八七頁。
(37) 八月までの『日記』のほとんどは、タイプされているが、一〇月に書かれたここ以降は、手書きである。一〇月二日の日付以降に新たな日付はなく、二日に全て書かれたかどうかは不明である。
(38) 一一月一一日付「断片と覚書」『貢献』二〇五頁。

第八章　ブダペスト一九三三——最後の日々

ヒトラー政権

一九三三年三月二九日、フェレンツィは久しぶりに長い手紙をフロイトに書いた。前年のヴィースバーデン会議の後、彼は、分析家たちとの交流から引きこもり、静養と、残された力を振り絞った分析実践に集中していた。しかし、彼にこの手紙を書かせる出来事が発生した。三月二四日にドイツ国会で全権委任法が可決され、ヒトラーの独裁体制が確立したのである。

ナチスは前年に第一党になり、その後の政権抗争を経て、ついに一月三〇日にヒトラーが首相に就任した。ヒトラーはその時はまだ、柔軟な姿勢を装っていたが、二月二七日の国会議事堂炎上、二八日には大統領緊急令による憲法の基本的人権条項停止などを経て、三月二四日の全権委任法成立に至ったのである。

この手紙でフェレンツィは、最近体調を持ち直したことを伝えた後、「まだ緊急に危険が迫らないこの時を使って、あなたが、患者とお嬢さんのアンナを連れて、もっと安全な国、おそらくイギリスに移るよう助言したい」と書く。ウィーンが危険にさらされる日は近いと感じたのである。「私自身も、政治的危険がブダペストに迫った時には、時期を見て、スイスに移ることを考えています。スイスなら、まだ分析料を支払うことができる患者たちが、私に同行することができるからです」と続けた。ブダペストに集まっていたアメリカ人の患者たちのことである。クララ・トンプソンも滞在を続けていた。同じ手紙の追伸には、「アインシュタインとの往復書簡[1]の出版で、敵は鼻をならして怒り散らすことでしょう。しかし、文明化された国で精神分析の支持を高めるのを助けるでしょう」と付け加えた。フロイトにますます危険が迫るであろうこと、しかしフロイトはドイツ外で歓迎されるはずだと伝えたのである。

　この手紙は、フェレンツィがこのときまだ気力を保ち、フロイトの身を案じるとともに、スイス移住が可能と考えるほどに体調の改善を感じていたことを表している。しかし内容に反して、手書きの文字は、一目でフェレンツィの衰えを感じさせるほど乱れていた。フロイトは返す手紙で、「あなたの文字は、まだあなたがどれほど疲れているかを知らせています」と気遣いながら、「私はウィーンを離れることは考えていません。……ヒトラー体制がオーストリアまで及ぶかどうか定かではありません。もちろんありえることですが、ドイツで示しているような残酷さに至ることはないと皆信じています」と伝えた。ドイツ人の分析家たちには実際に危険が迫っていた。この手紙を書く数時間前にベルリンから逃げてきたドイツ人は、途上のドレスデンと国境で難儀に遭っており、もうドイツに戻ることはできなかった。ヨーロッパはいよいよ暗黒の時代に突入しようとしていた。

最後の格闘

前年秋にブダペストに戻ってから今まで、フェレンツィは、患者たちと最後の格闘をしてきた。彼の体調はいくらか持ち直し、一〇月から二月までの四カ月は分析実践を続けることができた。[2] 中でもサヴァーンの分析は、当然ながら、とりわけ困難な経過をたどった。

フェレンツィは、一〇月に戻った時、サヴァーンに、一度は中止した相互分析の再会を提案した。これが二人の間のどういうやりとりから生じたのかは定かではない。[3] サヴァーンの治療に取り組む気力が自分にない中で、分析する能力を発揮させることでサヴァーンを支えようとしたのかもしれない。あるいは、自身の人格の基盤の再構築という課題に直面しているのを自覚していた彼が、それを行う唯一の機会として、サヴァーンによる分析に本当に頼っていたのかもしれない。そして、結果はサヴァーンによるフェレンツィの分析ばかりとなってしまった。フェレンツィは、この分析に料金を支払っていたようである。[4] これも、サヴァーンを支えるためなのかもしれないし、あるいはもはや相互分析を通り越して自分の分析治療が必要だと思ってのことなのかもしれない。

図14　エリザベス・サヴァーン

フェレンツィの衰えによって、サヴァーンの状態は悪化した。分析を止めてブダペストから去る可能性について話そうとしても、フェレンツィがその話題を避けてしまう、とサヴァーンは娘に訴えた。フェレンツィは、行き詰まってしまったこの分析について他言しないようにとサヴァーンに求め、サヴァーンはフェレンツィを守るために自分が治ったと言わねばならないというプレッシャーを感じていた。一つの治療的試みとして相互分析に踏み出したフェレンツィだったが、ここに至り、いよいよ治療実践としての限界を超えてしまったのを感じたのだろうか。それを分析家たちに知られ自身の信頼を傷つけるのを恐れたのだろうか。

八年もの分析治療を経て、サヴァーンの症状の多くはまだ残っていた。二人は相互分析の網の目の中に絡め取られていた。ブダペストから娘に最後に出した手紙からすると、二人は最終的に、ある程度の心の安定と良い関係を維持して別れた。二月終わりに、サヴァーンは娘の住むパリに向かってブダペストを去った。パリで再会した娘は、母親の状態の酷さにショックを受け、フェレンツィに厳しい手紙を書いた。ただ、フェレンツィにはもはや手紙を返す力は残っていなかった。(5)

三月に入ると、一〇月の滞在以来久しぶりグロデックに手紙を書き、一時の衰えからは脱出したこと、頭には次々とアイデアが浮かぶものの、書く意欲がわかないことを嘆き、グロデックのタフさを羨んだ。しだいにギゼラの目にフェレンツィの衰えが明らかとなった。(6)回復のために、九月まで半年間治療を休んではどうかと彼女は、提案した。サヴァーンは去ったが、トンプソンやミラーをはじめ、まだ分析に通っている患者たちがいた。しかし、休みを決断するまでもなく実践は不可能となり、フェレンツィは歩くのも困難になっていった。

四月の下旬からはベッドから出られなくなった。家族や医師だけでなく、マイケル・バリントも、フェレンツィのベッド近くで付き添うようになった。フェレンツィは、患者が一人一人と去って行ったために、『日記』にそれらの患者との最後の経験を書けなかったことを残念そうにバリントに語った。(7)

結婚してアメリカに住むギゼラの妹、サロルタ、二人の娘、マグダとエルマもギゼラを助けるために滞在していた。[8]

終焉

五月四日、フェレンツィは最後の手紙をフロイトに書く。

「あなたの誕生日を忘れていないことをお知らせするためにほんの一言書いています。来る年に今までのような酷いことが起こらないことを祈ります。

私は安定しています。症状に変化はありません。医師たちの楽観的な言葉を信頼するよう努めています。」

しかしギゼラは投函する前に書き加えた。

「親愛なる先生。ベッドでシャーンドルが書いた文字から、以前のような状態ではないことを見ていただけるでしょう。何を信じていいか、何を期待したらいいのか私にはわかりません。レヴィはまもなく回復することを期待しています。そして私は彼を信じたく思います。私の心は押しつぶされそうです。親愛なる先生。お誕生日に祝福を。」

五月二二日、フェレンツィは、まだ家族に話をし、何度も手から取り落としながらも新聞を読んだ。付き添っていたサロルタに、「サロルタ、改訂が必要だね」[9]と言った後、急に力を失ったように見えた。付き添っていた三人がコーヒーを飲もうとすると、フェレンツィは、自分は冷たいコーヒーにしてくれ、と言った。しかし、コーヒーを入れてギゼラたちが戻ると、臨終が近いのが誰の目にも明らかだった。午後二時三〇分、フェレンツィは静かに息を引き取った。

患者たちはフェレンツィの死を知って悲しみに暮れた。親しくしていたトンプソンとミラーは二人で抱き合って泣き崩れたという。二人は、同じ船で六月四日に帰国の途に就いた[10]。

悲嘆にくれるギゼラを、二人の娘と友人たちが支えていた。ギゼラは、グロデック夫妻にあてて深い悲しみを伝えた。フェレンツィが六〇歳を迎えるはずだった日の一週間後の、七月一四日と、一一月三日の二通から一部を記しておこう[11]。

「シャーンドルなしに生きるという思いをまったく受け入れることができません。、起きてから寝るまで、彼を必要としないときはひと時もありません。彼と分かち合うことができないなら、何もかもすっかり無意味でどうでもよいのです。」

「シャーンドルがもういないこと、もう二度と会えないこと、彼の世話を二度とできないこと、人生に、彼がその一部だったこの大地に、彼が別れを告げたことを受け止めることができません。彼が死を望んだことは一度もありません。彼は人生を愛していたのですから。」

フェレンツィの人生を彩った人々は、その後どのような人生をたどったのであろうか。また、フェレンツィの仕事はどのように後世に受け継がれていったのであろうか。

三人の遺産相続人たち

フェレンツィの残した業績や文書を委ねられた遺産相続人は、学術的にはフェレンツィの信頼厚かったマイケル・バリントであり、私的には妻ギゼラとその娘エルマだった。

フェレンツィが亡くなると、ギゼラの元、つまりフェレンツィが晩年住んだ家に、まだ出版されていない原稿が多数残された。フェレンツィが出版を考えて書いた『臨床日記』と、フロイトからのおびただしい数の手紙もその中にあった。マイケル・バリントを中心として、アリス・バリント、ヴィルマ・コヴァーチらは、[12]『日記』を通読し、その出版を「フロイトとフェレンツィの衝突の直接の余波がおさまるまで」待ったほうがいいという結論に達した。フロイトへの直接の批判から、最終的にフロイトに認められなかった内容、それどころかフロイトに伝えることさえしていない、当時の精神分析の領域をあまりにもはみ出す内容を含む『日記』をすぐに公にすると、フェレンツィの評価を損ねかねないと考えたのである。彼らはその考えをギゼラに伝えた。

彼らは、まずは、学会の発表原稿や雑誌論文を整理して、著作集にまとめる作業に入った。著作集『精神分析の礎石』[13]第一巻、第二巻はすでに公刊されていた。残りの著作を、第三巻、第四巻の二冊に編集することにした。第三巻には、前二巻から漏れていた古いものも含め一九三三年までの論文を時系列に整理し、第四巻は、論文以外の書評などの小文と、断片的な遺稿を収録した。「断片と覚書」というタイトルで収録された遺稿には、のちに論文に発展したかもしれない重要な論考が含まれていた。

ようやく編集を終え、安価なブダペストの印刷所で印刷したのち、ウイーンの出版局で製本し出版する予定を立てた。しかし、印刷を全て終えたところで、危機的な状況が発生した。ナチスのユダヤ人弾圧が強化され、ウィーンの精神分析出版局に印刷稿を送ると、没収、焼却の憂き目に遭う危険が感じられたのである。

時を同じくしてバリントは、ナチスの脅威がハンガリーに迫る中で、亡命するしか生き延びる道はないと悟った。しかし、国外亡命は簡単なことではない。何より、受け入れ国を見つけるには、強い人的コネクションによる働きかけか、持込める財産が必要であった。バリントは、そのどちらも強いとは言えなかった。(14) 一九三九年に、ようやくイギリスへの亡命の手はずが整ったマイケル・バリントとアリス・バリントは、自らの引越し荷物とともに、フェレンツィ著作集の印刷稿を全てスイスへ運び出すことに決めた。

バリントが旅立つとき、ギゼラは、『日記』とフロイトの手紙をバリントに託した。出版が可能になるまで管理して欲しいと考えたのである。バリント夫妻は、これら全てとともにブダペストを離れた。バリントにとって生涯の別れであった。

図15　スイスに移送されて発行された著作集

無事スイスに到着した印刷稿は、ベルンのフーバー社に持ち込まれた。幸いなことに、著作集は、すでに印刷済みのウィーンの出版局の名前の上にフーバー社を記す紙を貼って無事出版された。日記と手紙はバリントとともにイギリスに渡った。

マイケル・バリントを襲った最大の悲劇は、おそらく亡命よりも、妻アリスの急死であったろう。(15)一九三九年の初めに二人はマンチェスターに居を定めた。イギリスでの活動について語りながらいつも通り散歩し、友人を訪問した翌日、アリスは友人宅で意識を失い、一時は回復を見せたものの、その翌日の八月二九日に四〇歳で亡くなった。動脈瘤破裂だった。二人は動脈瘤による突然死があり得ることを知っていた。アリスは、ブダペストの精神分析協会を財政面でも運営面でも支えた、ヴィルマ・コヴァーチとフレデリーク・コヴァーチの娘で、フェレンツィを中心とするサークルのなくてはならない一員だった。そのアリスを亡命直後に失ったことは、バリントに計り知れない衝撃を与えた。さらに一九四五年には、ハンガリー・ナチスに逮捕される直前に、両親が自殺を遂げたという知らせを受けた。大戦中から戦後にかけてのバリントの人生はあまりにも過酷な苦難に彩られた。

エルマは、アメリカでの結婚生活は破綻していたものの、アメリカ国籍を得ていたので、どのような人脈によるものか不明だが、大戦中にスイス、ベルンのアメリカ大使館で働くことができた。(16)そして、バリントがブダペストを去って間もない時期に、ギゼラを安全なベルンに呼び寄せることができた。フェレンツィが愛したことからも、その後フェレンツィの遺産相続人として演じた役割からも、エルマが才能に恵まれた女性であったことがうかがえる。

ギゼラは、ベルンに移って間もなく、フェレンツィがフロイトに書いた手紙を全て送り返して欲しいとアンナ・フロイトに頼んだ。(17)ギゼラにとってかけがえのない、夫フェレンツィと偉大なフロイトとの交流の証を、家族の遺産として自分と娘の元に置きたかったのである。

アンナはこの提案を喜んで受け入れた。しかし、手紙の返還が実際に行われたのは戦後のことである。一つの理由は、バリントの意見で取ることになった、のちの出版のためのコピーに時間を要したからだった。バリントが出版計画を考え、あれこれ難しいことを言ってくるので、アンナは次のようにギゼラに書いた。

「親愛なるドクター夫人。あなたと私が合意したことに何の疑いもないのですが、バリント博士が私を信じたくないのです」。だからバリントと直接連絡を取って欲しいと言った後の次の言葉が印象的である。

「彼は私たちよりずっと若いので、私たちの過ぎし日が――あなたの過去と私の過去が――どれほど分かち難く一つに結び合っているか知らないのです。」

ギゼラとアンナは、フロイトとフェレンツィの交流にたびたび付き添い、また直接にも交流してきた間柄である。ギゼラは、フェレンツィとの結婚前からフロイトの家を訪れ、またフロイトの家族と休暇をともにしてきた。フロイトとフェレンツィに関する二人しか知らない思い出がたくさんあった。フェレンツィがフロイトと家族ぐるみの付き合いを始めた頃、アンナがまだティーンの少女だったころまで遡る思い出である。

バリントの方は、イギリスに亡命してから、手紙と日記をどのように出版すべきか苦慮していた。手紙には、フロイトとフェレンツィの後半生の出来事がつぶさに記録されている。二人のアイデアが発展し著作となっていった過程が記録されている。是非とも出版しなければならない文書である。アンナ、ギゼラ、バリントの間で出版に向けた相談が交わされ(18)、抜粋の出版が案として浮かび上がったが、その作業は容易ではないことが予想された。出版の準備が進まないうち、ギゼラは、一九四八年四月二六日に亡くなった。八三年の生涯だった。フェレンツィの著作に関する権利はエルマが受け継ぎ、出版に向けた交渉をバリントと続けた。一九五一年には、バリントに「この手紙の出版を生きて見ることさえできれば」と書いた。しかし、私的な内容を大量に含む手紙を出版に向けて編集するのは容易ではなかった。特にバリントが苦慮したのは、ヴィルマとエルマとの三角関係に関わる内容である。まだ関係者が存命の中で、どこまでの内容を公表して良いのか、慎重にならざるを得なかった。バリントの気持ちを占めていたのは、エルマへの気遣いだけではなかったろう。死後、フェレンツィの理論、実践が忘れ去られようとしている、いや意図的に捨て去られようとしていることを憂慮し、世に伝えようとした時、バリントは、あえて言うなら師の「恥部」が妨害となることを恐れたのではないだろうか。バリントの周りには、フェレンツィについて語ることさえ憚られる空気が支配していた。しかしその一方で、ギゼラとエルマとの関係に触れないならば、二人の手紙が知らせる真実の大きな部分が隠されることになる。それもまたあってはならないことであった。

そのまま一〇年の時が過ぎた。その間に、ジョーンズが一九五七年に『フロイトの生涯』[19]を出版し、最晩年にフェレンツィが精神的破綻をきたしていたと書いたために、出版への懸念がさらに増した[20]。晩年のフェレンツィの業績全体の信憑性を疑わせる主張だった。一九六六年に、バリントは突然具体的な提案をエルマにする。第一巻を学術的な内容の手紙のみに絞って抜粋し、第二巻にバリントが総論的に往復書簡に見る二人の交流の流れを書くというものだった。この提案に対するエルマの返答は極めてシンプルで[21]、手紙の出版を了承し、手紙を出版しないという行為は倫理に反し、歴史的真実が許さない、というものだった。バリントは、感謝の言葉に続いて、「私のお願いがどれだけの思い出をあなたの中に引き出してしまったか想像いたします。なかには大切な思い出があるでしょうが、残りは辛い思い出でしょう」と気遣った。しかし、往復書簡が公刊され、その中に含まれるフェレンツィのあらゆる側面を知ることができる今日の目から見ると、バリントの気遣いより、真実を伝えたいというエルマの揺るぎのない決意の方が印象深い。

バリントは編集作業に取り組み、一九六八年一二月には、エルマを偽名で表記し、ギゼラの娘であることを隠す方針をエルマに伝え、了解を得た。バリントは出版への道は近いと考えていたが、結局、果たせないまま、一九六九年一二月に亡くなった。エルマが亡くなったのは、それから三年後のことである。八五歳の長命だった。バリントが亡くなった以上、当面出版が実現しないことを知ったエルマはどう思いながら生涯を終えたのだろうか。

バリントは『日記』も書簡集と同時に出版したいと考えていたが、これも生前には実現しなかった。『日記』は、エルマがフェレンツィの著作権を委ねたアリス・バリントの姪、ジュディット・デュポンの手で、まずフランス語で一九八五年に出版された。オリジナルのドイツ語でも、英語でもなく、フランス語で実現したのは、デュポンやハンガリー出身の分析家、アンドレ・ハイナルなど、フランス語圏で活躍する分析家がフェレンツィ再興の中心になったからである。

往復書簡の出版が、全ての手紙をそのまま収録するという方針のもとで実現したのは、それより遅れて一九九二年だった。そこに至る経過では、一九五三年にバリントと結婚した妻、イーニド・バリント、ジュディット・デュポン、イルゼ・グルブリヒ・シミティス、アンドレ・ハイナルなどの協力による長期間にわたる作業が必要であった。編集作業には、ジュネーヴのハイナルの元に集った若手の研究者たちが力を発揮した。

グロデック

フェレンツィが亡くなった年に時を戻そう。グロデックは、ギゼラからの手紙を受け取った後、フェレンツィとの関係を考えるうえで重要な手紙を一通書いている。それは、何通かの互いを気遣う手紙が交わされた後、一九三四年二月一九日に書かれた。この手紙を書くのをためらったという出だしの言葉の後、「ここ数年、私は、シャーンドルの人生を考えると、心が重くなるのを避けられませんでした」と言う。彼から見てフェレンツィは、フェレンツィ自身の探求心の犠牲者だった。人間には、科学の対象となる心の領域外に、何千も何万ものある程度独立した魂があるとグロデックは考えており、その宇宙は探求せずにそのままにしておくのが自分の姿勢だ。自分は「捉えがたいと思うものに入っていく質ではない」と、彼は言う。そしてフェレンツィが同じものを見ていると感じただけに、その人間宇宙を科学的に探求し、記述する試みにフェレンツィが足を踏み入れようとするのを見て恐怖を覚えた、と告白する。グロデックから見て、フェレンツィはこの試みに消耗して倒れたのである。最後の箇所に彼はこう書く。

「私たちがどれほど親しかったとしても、私たちの友情がどれほど深かったとしても、彼は私を遠く後に残して星たちの世界に昇っていったのです。私にはついていくことができず、またついて行こうともしなかった道です。[22]」

この手紙はギゼラに少なからずショックを与えた。グロデックがフェレンツィを突き放したように感じたからであろうか。しかし、グロデックは、とりつかれたように探求に邁進するフェレンツィと付き合ってきた思いを、言葉に留めたかったのであろう。

グロデックの健康状態にも不安が生まれていた。この頃グロデックがナチス政権に示した態度は、容易に了解できない質のものである。グロデックは、自身の思想に基づいて、社会のカリスマ的ヒーラーを志向するヒトラーを評価していたのである。一九三四年三月に公開された、レニー・リーフェンシュタール監督の『意志の勝利』も、それを見ることを友人に勧めていたという[23]。ただし、ナチス党の方がグロデックを受け入れていたかといえばそうではなく、排斥しなければならない精神分析学派の一員と捉えていた節もある[24]。

ナチスに対する姿勢についてまともにフェレンツィと議論すれば、友情に大きなひびが入ったに違いない。その姿勢とどう関係するかの判断は難しいが、晩年のグロデックは次第に精神的危機に陥ったようである。一九三四年の六月二日に、「眼の世界による視野と、眼によらない視野」と題する講演をチューリヒで行った彼は、翌日急に体調を崩し、メダルト・ボス[25]のサナトリウムに担ぎ込まれ、同月一一日に生涯を閉じた[26]。フェレンツィの死後、一年少ししかたっていなかった。

ランク

精神分析のサークルから遠ざかってから、ランクはフランスとアメリカで大きな成功を収めた。一九三六年には、「クライエント中心療法」で有名なカール・ロジャーズに招かれて、ニューヨークで連続講義を行った。ランクの心理学、心理療法は、ロジャーズやロロ・メイなどによる人間性心理学の起源と言われる。腎臓感染症で、一九三九年の秋、フロイトの死から一カ月遅れてなくなった。五五歳だった。

サヴァーン

フェレンツィによる治療中断がサヴァーンに与えた衝撃は軽くなかったと思われるが、サヴァーンはパリで静養したのちロンドンに移り、心理療法を再開する。同年秋には『自己の発見‐心理治療の研究[27]』という著書を発行した。一九三二年にブダペストで書き始められたものだった。出版時期とタイトルから考えて、フェレンツィとの経験がその背景にあるのは確実と思われる。永く歴史に埋もれていたが、近年フェレンツィ研究の中で再び光が当たり、二〇一七年に新たな装いで再刊された[28]。

その後、精神分析学会あるいは他の学術的サークルと本格的にかかわることは一度もなかったが、彼女独自の心理療法の実践を続けた。いくつかの論文を雑誌に発表し、心理療法に関する講演や講義を行った。第二次大戦勃発後はニューヨークに移り、戦後も治療実践を続け、一九五九年にニューヨークで七九年の生涯を閉じた。

クララ・トンプソン

トンプソンは、帰国後、フェレンツィの洞察を理論に導入し、特に逆転移に関する先駆的考察を行った。カレン・ホーナイとともに、精神分析的フェミニズムの第一世代と見なされた。サリヴァンとともにに、ウィリアム・アランソン・ホワイト研究所をニューヨークに設立し[29]、いわゆる対人関係学派の礎を築いた。

ただ、フェレンツィについては、著作で言及していることはあるものの、ごく一般的な描写であり、自身が体験した分析の事実や、フェレンツィの学説に深く立ち入る議論は展開しなかった。フェレンツィに明かした被虐待経験についてはアメリカで一切語らなかった[30]。彼女が性被害について書いた文章では、伝統的な精神分析の見方に基づき、被害者側の責任の存在を指摘している。「レイプでさえ、女性からのなんらかの協力がなければ容易ではないことがしばしば明らかとなった[31]」といった発言は、フェミニズムや現在の被害者支援の立場から見ればとうてい容認できないだろう。フェレンツィの外傷理論に反する見解でもある。フェレンツィの分析は、彼女の被害体験を十分扱うことができなかったのではと思わせる事実である。

トンプソンが亡くなったのは、サヴァーンより一年早い一九五八年である。六五歳だった。

ニュースクール

フェレンツィが講義を行ったニューヨークのニュースクールは、その後、社会科学だけでなく、芸術等にも分野を広げ、多数のコースを持つ総合大学となって成長した[32]。現在も、フェレンツィが訪れたのと同じグリニッジ・ヴィレッジでますます発展している。二〇〇八年には、フェレンツィとの縁をさらに深めるため、シャーンドル・フェレンツィ・センターが設立された[33]。フェレンツィのアメリカ訪問を象徴する組織である。

ナプヘジの家

晩年の臨床の舞台となり、フェレンツィの死を見守った家は、ギゼラがベルンに移ったのち他人の手に渡った。その後、戦火でも破壊されず、共産政権下を生き延び、ナプヘジに立ち並ぶ数々の住宅の一つとして、住人を変えながら二〇世紀を終えた。国際的評価の差から致し方ないとは言え、ウィーンとロンドンにそれぞれ住んだ家が博物館となっているフロイトとの差は大きかった。

その環境に変化が起こったのは、ブダペストにフェレンツィ協会が設立され、その力で一九八七年に、家の石塀に旧フェレンツィ住宅であることを示すプレートが設けられた時である。歴史の記憶がここに形となった。その後、フェレンツィ協会が中心となり、各国のフェレンツィ研究家が協力して国際フェレンツィ基金を創立した。その最大の目的は、この家を購入して、フェレンツィ・ハウス　国際フェレンツィ・センターを開設することだった。プロジェクトの成功により、二〇一一年ついに家が購入され、センターとなった。フェレンツィの貢献を記念するにふさわしい拠点がここに生まれたのである。

フェレンツィの貢献

フェレンツィの英語版著作集三冊には、「最初の貢献」「さらなる貢献」「最後の貢献」という言葉が使われている。第一著作集が「精神分析への貢献」と題されたことを受けて、「貢献」を用いて順に発行され、第一著作を「最初の」として三冊シリーズが成立したものである。

本書では、フェレンツィの生涯と時代に焦点を当てて、フェレンツィが体験した出来事の細部を時代の空気とともに描いてきた。そのため、フェレンツィの学術的貢献を理解するのに読者が苦労したかもしれない。ここでその不足を補うため、フェレンツィの貢献を概観しておきたい。

その際、気をつけておかねばならないことがある。著作集三冊はすべて「精神分析」という言葉をタイトルに含み、フェレンツィが精神分析家であり、精神分析に貢献したことを前提にしている。しかし、本書の一つの方針は、フェレンツィが、精神分析とは何かという境界線上で格闘したことを示すことであった。まず彼は、精神分析に出会う前にすでに十分成熟した心理療法家であった[34]。確かに彼は、分析という方法に魅了されたが、常にその対象範囲と方法を拡大しようとし続けた。逆に言えば、精神分析家たちが、精神分析ではないとして排除しようとした領域に関心を持ち続けた。心霊術はもちろん、器質疾患の治療も通常精神分析の対象となる領域外であり、晩年の「解離」「外傷（トラウマ）」も、少なくとも近年までは、精神分析の対象の外に置かれがちであった[35]。フェレンツィは自身が治療の対象と考えるものの治療に邁進したのであって、それを精神分析の役割と考えていたのだが、精神分析が一つの標準的方法と理論を定めるに従って、彼が対象と考えたものの多くはその外に置かれてしまったのである。その意味で、何への「貢献」なのか自体が問題である。ここでは一応、「心理療法への貢献」と捉えておきたい。

さて、フェレンツィが精神分析の世界に入った初期は、「取り入れ」の概念の導入に代表されるように、精神分析の理論構築への多大な貢献で彩られる。ただ、フェレンツィはフロイトと違い、大量の著作で理論を構築していくタイプではない。議論を通してあふれるアイデアを提出していくことが彼の最も得意とするところであった。特に初期から第一次大戦中は、フェレンツィのアイデアの多くは、二人の間の議論を通じてフロイトの著作に組み入れられていった。フェレンツィはその役割を取ることに満足していた。

フェレンツィの中期の貢献には、「性器理論」に代表される彼独自の発達理論を含む生命分析と、技法の改革がある。前者はいくぶん思弁的であるが、そのアイデアは、後期の理論構築の基盤となった。「外傷」、「死の欲動」、「身体的なものへの飛躍」といった『日記』を彩る概念は、この時期の発達論に根ざしている。技法の改革はこの時期に始まり、リラクセイション法を経て、後期の臨床実践に至った。

後期の展開は、「外傷」「解離」を核にした臨床症状の理解であり、それらを「関係」の中で発生するものとして理解する「関係論的」な立場で特徴付けられる。アメリカを中心とする今日の「関係論」がフェレンツィをその起源に置くのはそのためである。ただ、フェレンツィは今日の外傷臨床、解離臨床に通じる沃野を切り開いたものの、求めた治療技法に到達する前に倒れたことは否めない。それが、『日記』を読む者を時に混乱させ、困惑させ、気持ちを重くさせるところである。グロデックが、フェレンツィは「星たちの世界に昇ってしまった」と言ったのは、その苦闘を知っていたからである。

今日の臨床とフェレンツィの試みを結びつけて論じる作業は本書の範囲を超える。個人的な見解から言えば、フェレンツィが治療を試みた対象のうち、かなりのものは、今日の外傷臨床、解離臨床の中でより整理され、治療的に扱うことが可能になっていると思う。しかし、パイオニアという位置のみに収まらないのがフェレンツィの偉大なところだとも思う。特に、外傷を関係が生み出すものととらえ、「攻撃者との同一化」という用語で表現した事態は、今日の暴力被害に頻繁に見出されるものであり、現在でも、臨床実践の最先端の課題となっている。身体的暴力だけでなく、信念体系の押し付け、植え付けといった集団の暴力にも適用できる概念である。

フェレンツィの死後、彼の著作は、公に引用されることもない時期を経験した。しかし、アイデアに満ち溢れた彼の著作を読んでいた精神分析家たちは決して少なくなく、フェレンツィの名前を挙げないまま、自身の議論に取り入れていたと言われる。フェレンツィにすれば不本意だったかもしれない。しかし、フェレンツィは何より議論の人だった。著作によって後世の心理療法家に議論を仕掛け、それが実践や論文に結実するのであれば本望であったかもしれない。フェレンツィの時代は、フェレンツィの死によって終わらなかった。フェレンツィ・センターといった組織が近年生まれていることを考えると、現在こそがフェレンツィの時代なのかもしれない。

注

（1）「戦争はなぜに」『フロイト全集』二〇。

（2）ギゼラがフェレンツィの死後グロデックに宛てた手紙による。一一月二日付。『グロデック書簡集』p. 108.

（3）以下の類推は、フォーチュンによる資料と推測を参考にしている。彼は、サヴァーンの娘に長時間にわたるインタビューを行い、この時期のサヴァーンについての情報を得た。以下の文献、p. 221を参照。Christopher Fortune, A difficult ending: Ferenczi, <<R.N.>>, and the exprement in mutual analysis. Andre Haynal & Ernst Falzeder（Eds.）*100 Years of Psychoanalysis: Contributions to the History of Psychoalysis.* Karnac Books, London, 1994.

（4）同右。

（5）The Case of "RN": Sandor Ferenczi's Radical Experiment in Psychoanalysis. The Legacy of Sandor Ferenczi. p. 112.

（6）以下の経過については、前掲注（2）の手紙。

(7) 「『日記』のための序」『日記』p. xxxvi-xli.

(8) シスターという記述しかないため、姉か妹か不明。ここでは妹として記述した。『グロデック書簡集』p. 28.

(9) ベッドに寄り添っていたバリントによれば、フェレンツィは「言葉の混乱」に書いた見解の改訂を考えていた。前掲注(7)

(10) Brennan, Decoding Ferenczi's Clinical Diary: Biographical notes. *American Journal of Psychoanalysis*, 75, 2015, 5–18.

(11) 『グロデック書簡』p. 107–109.

(12) 以下の内容は、マイケル・バリントの記述による。「『日記』のための序」『日記』xxxvi-xli.

(13) *Bausteine zur Psychoanalyse.*

(14) 亡命の手立てを苦労して探る手紙などがバリント・アーカイヴ(ジュネーヴ)に残されている。

(15) 亡命後のバリントの状況については、次の文献を参照。André Haynal, *Controversies in Psychoanalytic Method: From Freud and Ferenczi to Michael Balint.* New York University Press, 1989, p. 111–112.

(16) ギゼラ、エルマに関する以下の記述は次の文献による。『往復書簡1』André Haynal, Introduction, p. i-xxxv.

(17) ハイナルは「少しのちに shortly afterward」と記しているが、手紙に日付がないため、正確な時期は不明である。André Haynal, Introduction p. xxix. 前掲注(15)

(18) アンナ・フロイトの返信の日付からして、一九四八年の三月頃のことである。

(19) アーネスト・ジョーンズ『フロイトの生涯』竹友安彦・藤井治彦訳、紀伊國屋書店、一九六九年。

(20) バリントはその衝撃を『日記』まえがきに記している。

(21) 一九六六年五月七日。

(22) 『グロデック書簡』p. 113–114.

(23) ハンス・ヨアヒム・クナウプ「『エス』の圏域——ゲオルク・グロデックの精神風景と社会的影響」慶應義塾大学日吉紀要．ドイツ語学・文学、四四、二〇〇八年、一—二六頁。

(24) 同右。以下の文献も参照。グロデック、野間俊一『エスとの対話　心身の無意識と癒し』新曜社、二〇〇二年、二一一頁。

(25) Medard Boss (1903-1990)

(26) グロデック協会のホームページより。http://www.georg-groddeck.de/de/GeorgGroddeck/

(27) *The Discovery of the Self: A Study in Psychological Cure.* London, Rider & Co. 1933.

(28) Elizabeth Severn, *The Discovery of the Self: A Study in Psychological Cure.* Reutledge, Oxon, 2017. 編者の「序」には、サヴァーンの記述する症例の一つが、相互分析の中で彼女が行ったフェレンツィの分析であるという「大発見」が報告されている。サヴァーンが報告する、フェレンツィの子ども時代に関する驚くべき「事実」を本書に統合することはできなかった。その作業は別の機会に譲りたい。

(29) 『グロデック書簡集』p. 91.

(30) Sue A. Shapiro, Clara Thompson: Ferenczi's messenger with half a message. L. Aron & A. Harris (ed.) *The Legacy of Sandor Ferenczi,* The Analytic Press, p. 159-174.

(31) Thompson, Some effects of the derogatory attitude toward female sexuality. *Interpersonal Psychoanalysis,* Basic Books, New York, 1950.

(32) 紀平英作『ニュースクール　二〇世紀アメリカのしなやかな反骨者たち』岩波書店、二〇一七年。

(33) 次のサイトを参照。http://blogs.newschool.edu/sandor-ferenczi-center/

(34) 『往復書簡1』Introduction. p. xix.

(35) 岡野氏は、「精神分析と解離とは、水と油の関係だった」と表現する。岡野憲一郎『解離新時代　脳科学、愛着、精神分析との融合』岩崎学術出版社、二〇一五年、六六頁。

あとがき――ミシュコルツ二〇〇八

二〇〇八年一一月、ハンガリー北東部のミシュコルツMiskolcで「フェレンツィ国際会議」と称する学会が行われた。ブダペストから車で三時間ほどかかり、スロバキアまで五〇キロ、ウクライナやルーマニアまで百二、三〇キロほどに位置するこの町がフェレンツィの生地である。学会は、副題を「フェレンツィ故郷に帰るFerenczi comes home」と題していた。

フェレンツィは、ウィーン大学で学んでからは生涯ブダペストに住まいを持ち、ミシュコルツに滞在するのは、母親を訪問する時ぐらいであった。母が亡くなってからは訪れる機会もなくなってしまった。父ベルナート、母ローザが経営した書店はその後もフェレンツィ家によって経営されたものの、ホルティ政権下では、かつてのようなリベラルな文化の中心であり続けることはできなかったに違いない。ベルナートがガリツィアから移住したときに抱いた社会改革への熱い思いは、フェレンツィの実践に受け継がれ、亡命した分析家たち、あるいはフェレンツィに学んだ者たちの手でイギリス、フランス、アメリカ大陸に届いたが、フェレンツィが育った文化的環境は失われていった。

第二次世界大戦を経て、ハンガリーは東側諸国の一員となる。その間、一九世紀後半から花咲いた文化は停滞し、ミシュコルツは工業都市となって公害が発生し、「灰色の街」になっていった。「ベルリンの壁崩壊」によって東西対立時代が終わり、「解放」の時代がやってきた時に市民が見出したのは、新しい時代にあって何のアイデンティティも持たない、薄汚れた小都市としてのミシュコルツであった。そこでミシュコルツが新しい魅力、新しいアイデンティティを模索するために行ったのが、ハプスブルク時代の文化都市としてのミシュコルツ再発見の作業である。かつてミシュコルツに暮らした文化人、芸術家の発掘のなかで、フェレンツィにも光があたった。

二〇〇八年のフェレンツィ国際会議は、市中の美化や文化再生に果敢に取り組む市長の主導で、学術的催しとしてのみならず、過去の再発見作業の一環として開催された。学会の実行委員としてあれこれ取り仕切っていた若い研究者たちが、ミシュコルツ大学の社会学専攻のスタッフであったことも、学会が精神分析の学術集会という意味のみならず、ミシュコルツ市挙げての催しであることを表していた。

会議に集まったのは、ハンガリーフェレンツィ協会会長をはじめとするブダペストを拠点として活動する分析家達と、世界各国から集まったフェレンツィ研究家である。アメリカ、カナダ、アルゼンチン、イタリア、ドイツ、スイスといった国々から集まった参加者は、実は、「フェレンツィ・ルネッサンス」とも呼ばれる運動をここ三〇年来動かしてきたメンバーであり、旧交を温める姿が会場のそこここに見られた。ミシュコルツに生まれたフェレンツィが展開した実践と理論の芽を育ててきたメンバーが、フェレンツィの生後一三〇年を経てミシュコルツに集う姿は、「フェレンツィ故郷に帰る」のタイトルにふさわしいものであった。

フェレンツィの仕事を追っていくと、一九二〇~三〇年代に展開した、生命分析、身体論、リラクセイション法、外傷論など、そのいずれもが、その後確立していった精神分析の範囲に入るものがどうか疑わしくなる。しかし、それにもかかわらずフェレンツィはそれらを精神分析の発展と考え、精神分析家たちに受け入れられることを願っていた。「フェレンツィ・ルネッサンス」は、精神分析側がフェレンツィを再認識する過程だった。
フェレンツィが育った一九世紀後半から現在までは、「心理療法」という実践が発展し、展開した時代である。そして、フェレンツィの歩みが円環を閉じたのと同様、心理療法の歩みも、二〇世紀を挟んで続いた大きな弧が、一つの円環を閉じようとしているのではないか、とそのときの私の目には見えた。

本書の構想は、このミシュコルツ会議への参加に始まった。フェレンツィの歩みが一つの円環を閉じた現在、フェレンツィの人物と仕事をあらためて振り返り、その意義を見直してみたいと考えたのである。

一人の人物の歩みを振り返るには、幼少期から出来事を時系列的に追うのが普通である。このような学術的な内容であれば特にそうであろう。しかし本書では、フェレンツィの生涯から日付を特定できるいくつかの瞬間を取り上げ、そこに至る過程を振り返る叙述を大幅に取り入れた。ある特定の場所で、ある時代のある瞬間を生きたフェレンツィの姿を描き出したいと考えたからである。精神分析の歴史を叙述した書物はすでに多い。しかし、フェレンツィの目から見ることで、歴史の違った側面が見えてくるのではないかとも期待した。

執筆の過程で私自身想定していなかった展開があった。その最大のものは、フェレンツィ周辺の人々の描写である。フロイトやユングについてある程度描写しなければならないのは予想していたが、父ベルナート、ホール、ランク、グロデック、サリヴァン、そしてサヴァーンなどの人物像やエピソードには、執筆過程で新しい発見が多数あった。役割としては小さいかもしれないが、ブリルの故郷がガリツィアであることを知ってフェレンツィのルーツを考える、蛎瀬の目からアメリカ講演を見る、などの視点もその過程で生まれた。いずれの人物もさらに詳細な調査と理解に基づいて書き込みたいという欲求がその都度生じたが、私の力量と許される時間の制限から断念せざるを得なかった。ギゼラとエルマについても一部しか書けなかった。

また、サリヴァンとの関わりは、重要であることをはじめから意識していたものの、どこまでかけるものかと不安のあった主題である。書く過程で、サリヴァン側から見たフェレンツィ像を思うにつけ、サリヴァン紹介に尽くされた中井久夫先生がフェレンツィ紹介の仕事を私に託された時の意図が今更ながら見えてきた。本当に今更ながらである。感謝とともに、遅々として進まなかった作業の遅れをお詫びしたい。

しかし、このように周辺の人物との関わりの歴史として書くことになったのは、関係論のパイオニアであるフェレンツィにふさわしかったのかもしれない。フェレンツィの人生がさまざまの人々との関係の中で織り成されたことをあらためて実感している。

ミシュコルツ訪問時に構想した本書が完成するまでに、ずいぶんと長い時間を要してしまった。五年前に完成していればという悔いもある。しかし、実のところ書けなかったのである。まがりなりにもフェレンツィの人生の全体について書くに必要な知識と理解が私に欠けていたのが実情である。ミシュコルツの学会セレモニーで、市長に「フェレンツィについて書くつもりの本でミシュコルツのことを書きます」と大言したのを後悔したこともあった。市長が期待したに違いない観光客誘致のお役に立てなかったのを申し訳なく思う。

終わりになりましたが、本当に遅々として進まない私の執筆作業を見守り、ついにもう待てないと拍車をかけてくださった人文書院の井上裕美さんに感謝します。本書の企画を一貫して「面白い」と言い続けてくださった励ましがなければ、本書の完成はさらに遅くなっていたはずです。

今という時への思いを印すため、ちょうど一世紀前にフェレンツィがフロイトに宛てた手紙から最後に引用しよう。

西部戦線とヘルゴランド［ドイツ領北海の島］に取材に出かけたジャーナリストから、ドイツはまったく和平を考えていないと聞きました。彼らは勝つことを欲し、今だに勝利を期待しています。

あなたとご家族に、心からのクリスマスと新年の挨拶を。

フェレンツィ

（一九一七年一二月二五日、ブダペスト）

執筆過程を見守ってくれた、妻、年恵への感謝とともに記す。

二〇一七年師走、芦屋にて　著者

著者略歴
森茂起（もり・しげゆき）
1955年生まれ。京都大学教育学部大学院博士課程修了。博士（教育学）。現在、甲南大学文学部人間科学科教授。著書に『トラウマ映画の心理学』（共著、新水社）、『埋葬と亡霊』（編著、人文書院）、『自伝的記憶と心理療法』（編著、平凡社）、『トラウマの発見』（講談社）ほか。訳書にフェレンツィ『臨床日記』（みすず書房）、N & J・シミントン『ビオン臨床入門』（金剛出版）、フェレンツィ『精神分析への最後の貢献』（共訳、岩崎学術出版社）、アブラハム＆トローク『狼男の言語標本』（共訳、法政大学出版局）ほか。

フェレンツィの時代
――精神分析を駆け抜けた生涯

2018年４月20日　初版第１刷印刷
2018年４月30日　初版第１刷発行

著　者　森　茂起
発行者　渡辺博史
発行所　人文書院
〒612-8447　京都市伏見区竹田西内畑町９
電話　075-603-1344　振替　01000-8-1103
装 幀 者　田端恵　㈱META
印刷製本所　創栄図書印刷株式会社

落丁・乱丁本は小社送料負担にてお取り替えいたします

ISBN978-4-409-34052-3　C3011
落丁・乱丁本は小社送料負担にてお取り替えいたします

ジェームズ・ストレイチー
北山修監訳・編集

フロイト全著作解説

本体六〇〇〇円

さらなるフロイト理解へと導く、いま最も必要な「フロイト著作事典」

ストレイチーの全著作解説を年代順に並べ直すとともに、人文書院版著作集、日本教文社版選集ほかのリファレンスをもれなく追加、著作の日本語訳についての知り得る限りの情報を収録。

価格は税抜二〇一八年四月現在